敦煌

驻颜有术

DUNHUANG
ZHUYAN YOUSHU

敦煌社会人文丛书

赵声良 主编

让我们带您走进敦煌，解读壁画中车马出行、衣着打扮、家居家具、婚丧嫁娶等日常生活画面，了解古代敦煌社会生活的文化内涵……

卢秀文 —— 著

敦煌文艺出版社

图书在版编目（ＣＩＰ）数据

敦煌．驻颜有术 / 赵声良主编；卢秀文著．-- 兰
州：敦煌文艺出版社，2023.6
　ISBN 978-7-5468-2328-7

Ⅰ．①敦… Ⅱ．①赵… ②卢… Ⅲ．①敦煌壁画—通
俗读物 Ⅳ．① K879.41-49

中国国家版本馆 CIP 数据核字（2023）第 020298 号

敦煌　驻颜有术

赵声良　主编　卢秀文　著

责任编辑：杜鹏鹏
装帧设计：马吉庆

敦煌文艺出版社出版、发行
地址：(730030) 兰州市城关区曹家巷 1 号新闻出版大厦 23 楼
邮箱：dunhuangwenyi1958@126.com
0931-2131397（编辑部）　　0931-2131387（发行部）

兰州银声印务有限公司印刷
开本 880 毫米 ×1230 毫米　1/32　印张 6.5　插页 2　字数 130 千
2024 年 5 月第 1 版　　2024 年 5 月第 1 次印刷
印数：1~5000 册

ISBN 978-7-5468-2328-7

定价：58.00 元

目 录

Contents

红妆淡抹

壁画中的化妆大观

一

　　在现代，女性化妆是日常生活中最常见的现象，而在古代，化妆不仅是女性生活的普遍现象，还是区别性别、年龄、身份、等级、贵贱的重要标志。中国女性化妆从周代开始，之后越来越复杂，仅面部化妆就有多种方式。化妆作为妆饰文化的主要内容，反映了整个古代妇女妆饰史的盛衰及审美观的变化。敦煌地处西陲，民族众多，各民族发展不平衡，宗教信仰各异，文化差异突出，这一切使敦煌妇女化妆丰富多彩。

　　历代的敦煌，重视女性妆饰美，化妆形式多样，聚集了古人的一切化妆手法。敦煌妇女描柳眉、点红唇、涂红脂、抹额黄、贴花钿、饰面靥的特点，几乎集中了中国古代妇女的一切美容化妆风俗和手段，特别是面妆中的红粉妆，充分表现了敦煌历代千姿百态的女性美的艺术形象。壁画中的女性形象，显示了古代敦煌女性的精神面貌，在中国化妆史上占有相当重要的地位。

　　北凉、北魏、西魏、北周为莫高窟早期。早期壁画艺术风格，明显地受到西域佛教艺术的深刻影响，这种影响在敦煌经过了选择与融合，发生了变化，从技法到形象都显示出敦煌的乡土特点。一方面，这时期妇女形象，大都面部清瘦，描眉、涂红，唇线不十分明显，形体动作显得稳衡，神情恬静和流露出一种安静庄重的情态。另一方面，妇女化妆明显地保留着西域、印度、波斯的风格，如口红上色，土红涂底，色调温暖、厚重。妇女面部涂粉表现出小面积和大面积涂红，这时期的敦煌女性审美观表现出与中原、西域既相联系而又各具特色的地域文化特点，并充分地反映在化妆上。

　　敦煌早期的妇女化妆简朴，特别是眉、唇和红粉妆，成为妇女化妆艺术的审美特征，既反映女性的精神美和妆饰美，同时为适应中国的礼俗，在具体造型处理上动静相宜，含露得体，面饰点妆恰到好处，充分体现了中华民族的审美要求。魏晋南北朝时期由于妇女社会地位起了变化，反映到妇女妆饰文化上是必然的，当时不但宫廷妇女化妆，民间妇女化妆也很普遍。这时的妇女面部涂粉脂又有了新的进展。北朝妇人常以夏至日进扇及粉脂囊。[①]北魏孝文帝太和改制，不仅带来了汉式的妇女服饰、化妆，更带来了汉族的审美观，形成了女性"秀骨清像"的特点。西魏时期的妇女红妆较为明显，在面部中间稍抹粉

---

① 段成式：《酉阳杂俎》，《丛书集成初编》，中华书局，1983年。

妆。这时的男服多为常服，僧人披袈裟，素颜。这时妇女唇饰还出现了新型，唇形长、圆不等，这种饰容的妆饰艺术风格是以魏晋南北朝士大夫的生活、思想和审美理想为基础的，这种风气很快反映到云冈、龙门石窟等处的妇女妆饰上。北周，随着北方民族大融合和南北文化交流，两种不同的妇女妆饰艺术风格并存而融合。在妇女化妆上，中原式红粉与西域式红唇互相结合，而在女性精神面貌上，淳朴庄静与潇洒飘逸相结合而产生了温婉娴雅、富于内在生命力的新形象。从整个壁画中的妇女妆饰使人感到更浓厚的社会生活气息。

公元 581 年，杨坚篡周自立，建立隋王朝（581—618）。文帝开皇九年（589 年）灭陈统一南北，结束了东晋以来长期分裂的局面。隋代，民间盛传隋炀帝下江南时，命数百宫女着彩绸衣，红妆，饰粉，各种花钿。史称炀帝奢侈淫逸、荒诞无度，"盛冠服以饰其奸，除谏官以掩其过"。隋炀帝在民间广选民女，填盈后宫，开中国历史上选女之先例。隋宫的宫女，争奇斗艳，面饰、首饰华丽，珠光面闪，彩锦绕身，民间妇女便竞相仿效，极力模仿"宫装"，可以想见上行下效而风靡一时，一直到唐代还是如此。隋初衣冠服制，基本上是沿袭汉晋旧制，至隋炀帝时，才制定本朝服饰制度。这一时期妇女在面部化妆上，除了涂粉，还在发髻上饰物，比前期有所发展。隋代对命妇之服规定，一般戴冠必饰"花钗九树"。隋文帝时，帝王百官、皇后、皇太子妃、内外命妇服饰有严格的规定。《通典》记："隋制，皇后袆衣、鞠衣、青衣、朱衣四等。袆衣，深青质，织成领袖，文以翟翟，五采重行，十二等。"文中记载，命妇分等级，从衣装到面妆、发式及首饰均有严格的规定。以至隋朝妇女首饰出现了不同的妆饰风格。

总的看来，隋初服饰比较朴素，自隋炀帝起，社会风气才发生变化，在服饰上也反映明显。贵妇衣装华丽，面部妆饰丰富，一般女子妆容简朴。我们从敦煌壁画中可见实例，敦煌莫高窟隋第 419 窟女供养人多身，主人面部化妆涂抹淡，梳髻，上插小梳，饰花钗。莫高窟隋第 295 窟西龛有三组贵妇与侍女，第一组贵妇着礼服，面部涂红粉，梳偏髻，上饰金钗簪。这种装饰与当时宫廷妇女的流行时尚分不开。

唐代是中国政治、经济、文化的鼎盛时期，也是服饰的大发展时期。尤其是开元、开宝年间，经济和文化得到了全面的发展，呈现出一派欣欣向荣的景象，为服饰制度的改革和发展提供了有利条件。唐代，敦煌获得了进一步的发展，特别是和中原联系密切，使妇女妆饰受到中原地区影响。敦煌地区特殊的地理位置，成为东西交往的咽喉，这些特殊的社会、历史、地理条件，无疑为敦煌地区荟萃东西方妆饰文化艺术创作提供了可能。敦煌妇女妆饰正是上述文化大背景下的民间妆饰艺术活动的产物。

唐代对丝绸之路的咽喉河西走廊一开始就十分重视，对外来文化能广泛包容，择其精华而吸取，反映在妆饰上，出现了崭新的风貌。这时大量化妆品进口，妇女十分重视自己的仪表修饰，妆饰方面出现了复杂的面饰、红唇、大面积涂粉、花钿等，如现藏新疆博物馆，1972 年吐鲁番阿斯塔那出土的唐代彩绘骑马仕女，1973 年新疆吐鲁番张雄夫妇墓出土的女俑。我们从出土壁画及陶俑中亦可看到将唇部染红的现象。这种情况在唐以前是不多见的，在高昌吐峪沟古遗址发现的绢画上，一乐舞女身着彩锦窄袖衣，面涂红粉，额上饰"黄妆"的流行时世妆[①]。舞女身穿礼服，展示了唐代女性健康而淳厚的美感，也体现出成熟女性的风韵。我们从敦煌唐代壁画中可以看出妇女各种妆饰的演变过程。妇女妆饰艺术，既是整个唐代艺术的组成部分，又具有自己鲜明的个性，取得了独特的成果。中原服饰文化传入西域，

①李肖冰：《中国西域民族服饰研究》，新疆人民出版社，1995年，图2。

对西域人民产生影响，反映在妇女化妆上也是如此。这时期敦煌妇女化妆，一方面注重于描、贴、点缀，突出重要部位，在妆饰中表现了真实的女性俊秀之美，如莫高窟盛唐第 130 窟都督夫人太原王氏供养人（图 1）。另外，当时有一种不涂粉的情形，是受吐蕃影响的妆饰。《新唐书·五行志》记："元和末，妇人为圆鬟椎髻，不设鬓饰，不施朱粉，惟以乌膏注唇，状似悲啼者。"反映了这个时期的妇女妆饰情况。从道德观念上说，唐代的敦煌人，把贵族气息熔铸于敦煌壁画里的女

性艺术形象当中，加之唐代敦煌的画师技巧的高诣，进而形成了与早期风格大不相同的，反映出时代特色的妇女面饰艺术。

唐代是敦煌石窟发展的中期，这时期妇女面妆繁盛。唐代妇女健康、活泼、清新、富于朝气，另一方面唐代社会蓬勃的生机，灿烂的文化孕育出了唐代仕女画，从初唐开始，到盛唐、中唐最为流行。仕女画家名流辈出，唐代张萱和周昉的仕女画，被奉为"张家样"和"周家样"，成为仕女画的楷模。唐代出土画中的仕女，她们长身玉立，刚健婀娜，面饰、首饰变化多样。开元、天宝以后，衣服改为博大华丽，仕女亦丰肌秀眉。这时敦煌壁画中的妇女服饰，面饰丰富多彩，如莫高窟盛唐第 45 窟南壁母女服饰（图 2）。第 45 窟北壁王后与眷属着盛装，面饰红粉，服饰、妆饰风格与唐墓中的妇女服饰、妆饰也极其相近，衣装华丽，戴花冠，画眉妆、饰红唇，发式上梳高髻、花冠上插精美的发钗、发簪（图 3），形成唐代妇女以妆饰为美的形象。这时壁画场面宏大，结构严密，色彩艳丽，线条流畅，与吴道子的画风遥相呼应，是唐代壁画的精品。

敦煌唐代绘画艺术成就还表现为十分注重人物内心刻画，不仅仅从外在饰容，而且从妆饰打扮上，来表现女性性格，她们身体适中，

图2 莫高窟第45窟　南壁　观音经变局部　盛唐　　　　图3 莫高窟第45窟　北壁　观无量寿经变局部　盛唐

丰腴，动作优美而文静，仪态含蓄而大方。有的女性头稍低垂，但娇而不羞。造像的各个部分高度和谐，形神皆备，给人以内在美的美感。可以想象出，艺术家在观察了大量美丽女性的基础上，所创造出的一个朝代完美的女性形象。此外，由于敦煌地接西域，壁画中西域各族人的形象较多。因此，出现了不同民族的化妆法。敦煌壁画出现了各族的贵妇人形象，也反映了各族妇女的衣冠服饰和妆饰文化。中唐时期，敦煌被吐蕃占领了半个多世纪，古藏族妇女的妆饰文化也融入了敦煌。为了适应敦煌各族人民的风俗习惯和审美理想，妇女从形象到

图 4 　莫高窟第 98 窟　南壁
　　　女供养人（节度使曹议金家族贵妇）
　　　五代

化妆都发生了许多变化，出现了新的特色。

　　五代、宋、西夏、元时期，一般指莫高窟晚期。这时敦煌莫高窟妆饰艺术也进入了晚期，在内容和形式上自有不同的特点。五代是我国封建社会一段战乱频繁、文化倒退的时代。但此时妇女妆饰仍保持前期风格，在化妆上一反唐代的浓艳之风，崇尚淡雅恬静，面饰虽不及唐代繁盛，但仍有多种变化，如莫高窟五代第 98 窟东壁节度使曹议金家族贵妇服饰。第 98 窟于阗国王后曹氏供养像，面部化妆，突出红粉妆，与发髻、花钗等相配（图 4）。贵妇服饰由历朝后妃及内外命妇在重大的礼仪场合上着用，并与发髻、花钗、服饰等相配，一般士庶女子则不得施用。另一方面这时期妇女面妆也进入了衰退期，不如盛唐的多姿多彩。由于"满脸花子"的怪异面妆盛行，面妆涂粉较为失色。反映出中国妇女服饰文化更加趋于守旧和封闭。而民间妆饰文化则在自给自足的经济基础上，运用本地所产的原料来美化生活，这时面妆淡雅，形成中国民间妆饰文化艺术的主要格调。

通过化妆的形式、色彩，也可以看到当时颜料之丰富，化妆技术的高度成就，如五代回鹘妇女面部妆饰，丰富的纹样描绘，是用高超的技艺表现出来的，莫高窟五代第 100 窟回鹘公主面部涂红粉等，具有时代特征，面部涂红这种化妆在《阆苑女仙图》中出现。因为红粉妆更能反映女性的俊美。莫高窟五代时期的女供养人，面妆显出女性的俊美，表现出淡雅、简朴的特点。另外，敦煌地处西陲，由于中西文化的交流，民族心理、艺术创作的形式，手段技法理论，而且服饰题材和主题也均不约而同地产生了相互影响。特别是从敦煌藏经洞遗留下来的绢画看，尤其如此。妇女妆饰由于外来新题材的增多而大大丰富了创作的空间。五代时敦煌壁画中的女性服饰、化妆，不论表现形式如何变化，都是从现实生活中摄取形象的，或直接描绘，或加以神化，都含有或隐或现的时代妆饰特点。这时敦煌女供养人红妆，继唐之风，注入了比前代更为地方化的世俗风格。莫高窟五代第 108 窟有一排女供养人，均两鬓抱面，饰红粉妆。在衣装、发式、面妆的墨线勾画、平涂、用色上较淡雅，造型多变。所绘妇女发式、妆饰无一不取材于现实生活。今天虽仅存一些概貌，但我们仍然可以看到当时敦煌人的妆饰随着时代潮流而不断改变的现象。

宋王朝的建立，结束了安史之乱以来长期变乱相寻的局面，出现了一段承平时期，经济有所发展。在宋代，理学逐步居于统治地位。在这种思想的支配下，人们的美学观点也相应变化。在面妆上反映更为明显，整个社会舆论主张妇女不能过于妆饰，而应当崇尚淡雅、简朴，特别是妇女面妆更不应浓艳。宋嘉泰初年，又将宫廷中妇女用的金翠首饰，放之街衢，点火焚烧，以此警示贵族之家，犯者必罚。尽管这些禁例不施于帝王后妃，然就整个社会风尚来说，比起隋唐来质朴。另外，宋代程朱诸儒提倡尊古、复礼、妇教，对妇女生活也产生关键性影响。宋代妇女在种种禁锢之下，不得刻意修饰。因此，宋代妇女的妆饰风格纤细秀丽。如盛唐（宋重修）第 175 窟男女供养人妆饰，粉脂妆容。宋朝一些京城的贵族女子追求款式别致。不但衣料选择考究，而且重视妆容，红粉涂面，梳妆，两鬓抱面，高髻，凤冠，额鬓，扎发垂肩。莫高窟宋代贵妇，饰红粉妆，两鬓抱面，宋初第454窟东壁回鹘老妇，面饰涂粉。这时的敦煌妇女已经进入一个成熟的仕女画时代，即以线描赋彩的人物画为基本模式。

总之，五代、宋以后敦煌妇女粉脂妆，总的来讲比较拘谨和保守，涂红式样变化不多，色彩也不如前代那样鲜艳，给人以质朴、洁净和自然之感。这与当时经济、政治和思想文化的状况，尤其是程朱理学的影响，有密切的关系。

西夏、元代是少数民族统治时期，突出地表现了少数民族妇女的妆饰特色。西夏与回鹘在军事、经济、宗教、文化方面关系密切，敦煌是丝路要冲，西连高昌。李元昊于1036年攻取瓜、沙、肃三州，收复河西之后，改革礼乐制度。这时期敦煌壁画中的西夏王妃穿回鹘装，妇女面貌丰润，衣纹流畅，唇脂浓艳，莫高窟西夏洞窟中的女子红粉多为大红，涂脸两颊，中间突出，四周稍淡，反映了西夏时期敦煌回鹘妇女妆饰文化的历史价值及其影响。这时期壁画中出现不少穿戴"胡服"的妇女形象，其中尤以供养女像为代表，供养女着装华丽浓艳，面型娇美丽人，眉目修长，梳高髻，显得华贵、端庄、光彩夺目，使人们深入地体验了敦煌艺术的丰厚内涵。西夏晚期出现了少数党项族女供养人像，面庞丰满，唇形小、圆润，这也是从中原汉族改变而来的，即所谓改大汉妆饰。

元代是我国少数民族建立的政权，壁画中出现的菩萨，面部涂红，如莫高窟元第 320 窟菩萨面饰红妆。元代的供养女，相貌朴实，妆饰鲜红，穿文绣衣，有蒙古贵族妇女的特点，形象更加真实感人。这些少数民族妇女化妆，其内涵包含着地域与民族性，以及审美情趣的一致。

敦煌妇女妆饰文化具有源远流长的历史，是由于它最符合中国传统的审美观。同样，敦煌历代崇尚妇女妆饰的审美观，从质朴向富丽发展，从自然向浓艳变化。在此，我们又可以发现，古代和现代美的观念根本区别在于个性的表现程度。在敦煌妇女化妆史上，我们看到的始终是这样或那样的面部化妆，每种化妆术后面，几乎都代表着一类型的妇女，典型地体现着敦煌艺术的丰厚内涵。

敦煌壁画艺术虽是借艺术手段美化佛教经义，但它却反映着各个历史时期的现实生活。敦煌艺术是宗教艺术，首先要为宗教的内容服务，因此，它的写实性总是有一定的限度，敦煌莫高窟壁画中的女性毕竟一部分是画家想象中的美人儿，在塑造她们的形象和涂敷她们的化妆上，必然会带有一些夸张，比如各式化妆过分点涂等，"但在她们的动态、神情、风韵的表现上，却完全可与现实中的妇女相媲美，达到了那个时代的艺术的高峰"。

黛黑美眉

敦煌古代妇女眉妆

二

蛾眉曼睩，目腾光些。

靡颜腻理，遗视矊些。

离榭修幕，侍君之闲些。

——宋玉《楚辞·招魂》

　　眼睛是心灵的窗口，是人们面部最能表达情感、反映个性和最生动的器官。眉则起着烘托、装饰眼睛的作用，二者互为表里，相得益彰，缺一不可。眉妆是通过某种颜料和各种技术手段突出眉的这种装饰作用，使其更美，更符合人的审美旨趣，起到美化眼睛，进而表现心灵的作用。敦煌古代妇女眉妆，由于受中原地区的影响以及各时代社会制度、生产方式、道德礼教、审美观念和周边文化的影响，显得丰富多样，同时也从侧面反映了敦煌古代妇女的生活及社会地位的变化。

（一）眉妆的历史

　　眉妆早在春秋战国时期就已出现。《硕人》描写卫庄公夫人齐庄姜的形象是："手如柔荑，肤如凝脂，领如蝤蛴，齿如瓠犀，螓首蛾眉，巧笑倩兮，美目盼兮。"诗中的赞美之词反映了当时人们观念中最美好的女子形象。春秋时期，女子多将"蛾眉"作为审美标准之一。蛾眉长而弯曲，蛾是指蚕蛾。《韵会》载："蛾似黄蝶而小，其眉勾曲如画。"冈元凤《毛诗品物图考》载："蛾，蚕蛾也。""蛾眉"本身的形状，就是对蚕蛾触须的模仿。"蛾眉"后来为各代妇女眉饰之一，成为女子眉饰的基本样式。古人最初画蛾眉，在眉下点几个装饰点，既象征蚕卵又表明女子身份。后来诗人描写美女多用"蛾眉"之词，并以蛾眉作为美女的代称。战国时妇女描眉，以深黑色为主。《战国策·楚策》有"周郑之女，粉白黛黑"的描写。先秦时期流行阔眉和细眉，而且以长为标准。这时期人们的审美观，重人工修饰，讲究质朴。先秦妇女的化妆时尚，与她们逐渐处于从属性的地位、生活日益依附于男子有关。许多女子只能"以色事人"，不少女子最终的结果仍是色衰而失宠。所以，女性妆饰的目的是想让自己显得年轻美貌，试图博得王侯贵族们的欢宠。楚国诗人宋玉《招魂》对楚国宫廷中女性的姿色、容貌就进行过着意刻画。从这里而知，当时宫廷中贵族们是如何满足对声色之美欲求的。

汉代社会生产安定，统治者的重视助长了女性妆饰风气的上涨，同时也为女性妆饰美容创造了客观条件，男子以欣赏妆饰出来的女子为时尚。女性的社会地位与身份往往是多重性的，她可以是奴婢身份，也可以因受到皇帝贵族的宠爱，从而改变原来卑贱的社会地位，其中容貌成为改变命运的主要手段。汉代是眉妆史上第一个高潮，这与汉代礼制的形成、统治者的重视有关。汉代女性眉妆之盛与姬妾盛行、男尊女卑进一步强化，亦有密切关系。在男权社会里，女子依附于男人，甚至成为他们的玩物。为此贵族女子以精细妆扮取悦男子为唯一目的，从美容妆饰到多种眉饰，以贵族男子喜怒为移，以雕琢矫容为美，以媚惑为目的。汉代宫廷中，不断产生因美貌受到皇帝恩宠而显贵一时的女子，历史上有名的赵飞燕不仅成为美女的代称，她所居的昭阳宫，也因与其妹赵合德受到皇帝宠幸，而成了荣耀与尊贵的象征。

佛教传入中国后，世俗和社会生活很快浸入佛教活动中。北朝时期，女性参加佛教活动相当普遍，如壁画中的女性，有贵族妇女，也有劳动妇女，还有出钱修窟的女供养人等。在宫廷和贵族家中尚有女尼，其中许多女尼，多是王室中的女子。王公贵族到寺院中去观赏，一方面是供奉佛像；另一方面是将此活动看成是声色娱乐的一种特殊方式。因为那时的寺院中有乐女歌舞，是宗教功能与娱乐功能兼而有之的场所。所以，今天一些古代留存下来的壁画中，就有天宫伎乐。

以此去推想当时女性活动状况，就可了解当时的美容妆饰形式。除了文字记载外，古代留存下来的壁画成了我们今天了解当时女子眉妆的唯一直观材料。

美的观念成熟于六朝，"黛眉"是魏晋南北朝女性美容化妆的主要手段，这时期仍循前期的蛾眉与长眉。传说，魏武帝曾令描画一笔连心长眉，被称作"仙蛾妆"。曹植的《洛神赋》亦有"云髻峨峨，修眉联娟"的赞辞，可见长眉仍是这个时代的审美标准。这一妆饰在南朝齐、梁时期仍被广泛效仿。这个时期虽然眉式单一，眉色却从另一方面丰富了眉妆。晕眉盛行，兼有黑眉与黄眉，眉妆亦从贵妇人中扩大到了民间。北朝时期盛行的"黄眉墨妆"原是周宣帝时国家规定的一种民间女子面饰，因为那时有条禁令，除了宫人，社会上的女子是不能施用粉黛的。后来南风北渐，便与南朝同化了。

隋代一统中国，隋炀帝夺得皇位后，便开始纵情于美色享乐。隋代后宫中，美女、舞女之多，已到了令人难以想象的地步，据《古今宫闱秘记》卷一引《迷楼记》所载，隋炀帝沉迷女色，"诏选后宫良家女数千，以居楼中"。同书卷六引《大业拾遗记》称隋炀帝"尝幸昭明文选楼，车驾未至，先命宫娥数千人，升楼迎侍"。因此，姬妾日盛，专以容貌，对女子影响极深。当时的风气是"四方看京师，京以妓时新"，潮流以京师妓女为先。隋代相继出现了画眉史上的高潮，隋炀帝重金从波斯进口大批螺黛，以供后宫女子画眉之用。颜师古《隋遗录》载："由是殿脚女争效为长蛾眉，司宫吏日给黛五斛，号为蛾绿。螺子黛出波斯国，每颗值十金。后征赋不足，杂以铜黛给之，独绛仙得赐螺子黛不绝。"可想而知，昂贵的螺子黛，亦使"黛螺"成为眉毛的美称。[①] 隋炀帝巡幸江南，其中有位名叫吴绛仙的女子，因画长眉而显美貌为隋帝宠幸，并招致后宫，因而佳人群起仿效，最后螺黛竟供不应求。

唐代统治阶级出于巩固自己的统治地位、炫耀自己的显赫声势，一反北周武帝宇文邕废佛灭法的措施，大力提倡佛教，修复、兴造石窟之风遍及全国各地。所以，在全国石窟的壁画中有大量的女性活动。这时宫廷中美貌佳人，亦有不少出家为尼，为其一生结局。如唐德宗时宫中有美貌出色的舞女姓萧，由于选入内宫，色貌超群，妆容不同一般，红粉，柳眉，以表演柘枝舞而得到皇帝的恩宠。公元 783 年，

---

①此事参见唐人冯贽撰《南部烟花记》："炀帝宫中，争画长蛾，司宫吏日给螺子黛五斛，出波斯国。"引自华夫主编：《中国古代名物大典》，济南出版社，1993年，第173页。

战乱中，唐德宗远离长安，当时萧女正值患病，未随出逃。战乱稍定，唐德宗返回京都后，便派人寻访萧女。萧女回宫后，便请求皇帝允许她出家为尼，唐德宗答应她的要求，诏令她到嵩南洞清观修行。萧女出家修行，是出于个人觉悟，另有不少宫廷美女是在遭受冷遇后出家，以求解脱。唐玄宗时，曾派人到民间搜罗大量美艳女子入宫。当时受宠的杨贵妃为防止别人与她争宠，便将不少入宫的美女禁闭在上阳宫。这样，上阳宫中不少美丽女子，出家当了女道士。唐诗中有"荀令歌钟北里亭，翠娥红粉敞云屏。舞衣施尽余香在，今日花前学诵经"之句。从诗中，可以了解到宫廷中的美貌舞女，在不情愿中，脱下宫衣，抹去原来的浓妆，告别世俗，最后持经念佛，寻求在安宁的宗教生活中度过余生。此时，这些女子已不再怀有过去投入表演歌舞时的炽热情感，也不用再与女伴为获得恩宠产生妒忌之心争风吃醋，万念俱灰、静心修行。这些女子内心感情生活变化之大，也是一般居家女子生活中所少有的。敦煌壁画中绘制的不少女子的生活与当时社会上出家盛行有很大关系。画中有女子剃度出家，如敦煌莫高窟盛唐第 445 窟北壁弥勒下生经变中女子剃度出家。画面描绘的是未来佛弥勒降世成佛之后，为儴佉王及王妃等人说法。说法之后，国王及王妃等人心下

顿悟，于是率众剃度出家。画中几位美貌女子，面饰淡妆，淡眉，穿
着美丽的衣服，正准备脱去，换上佛装。西侧是王后与公主及其他女
眷，妆容淡雅，涂不同眉式（图5）。剃度出家的场面，画中的比丘
手握剃刀，婢女或站或跪双手捧着篮子，承接剃落的长发。地上摆着
净水瓶与盥洗盒，有的比丘展开袈裟，准备给剃完发的女子更衣，王

图 5 莫高窟第 445 窟 剃度 史苇湘

后与公主神情庄重，无所顾忌。围帐内等待落发的众女表情各异，画面对女子出家前茫然而惶惶不安的心理活动描绘得惟妙惟肖。那一时代，宫廷女子一旦遁入空门后，其修炼脱尘的决心之大，意志之坚定，亦是一般人所预料不到的。唐代经济繁荣，政治稳定，促进了妆饰文化的发展，特别是眉妆，在化妆史上占首席地位。李商隐在诗中称"八岁偷造镜，长眉已能画"，即说明了连未成年的小孩也模仿大人画眉，至于贵夫人更是崇尚眉之修饰。张祜诗"虢国夫人承主恩，平明骑马入宫门。却嫌脂粉污额色，淡扫蛾眉朝至尊"即指此。这种风气的盛行又源于皇室贵族的偏爱和提倡。唐玄宗李隆基曾命画工画《十眉图》以示提倡，有鸳鸯、小山、五岳、三峰、垂珠、日积、分梢、涵烟、指云、倒晕眉，不但名称各异，式样也不一，变化莫测。而且作为一种时髦妆饰，在唐代曾普遍流行于社会各阶层中。唐朝在眉妆上，则开辟了中国历史上画眉造型最为丰富的时期。各种长眉、短眉、蛾眉、阔眉交替流行，并且还出现了许多十分另类的短阔眉式。唐诗中大量记载当时女子之描眉的特色。陆龟蒙《陌上桑》："长眉亦似烟华贴"；李商隐《蝶三首》："长眉画了绣帘开"；杜牧《闺情》："娟娟却月眉"；这些诗中的眉形，有"蛾眉""长眉""双眉""月眉""八字宫眉"等。

这时妇女化妆不仅诗中大量描写，而且考古发现唐墓出土的女子也多有化妆。新疆两座唐墓出土的木雕彩绘骑马女俑2件。其中一件唐代彩绘骑马仕女，阿斯塔那出土，现藏新疆博物馆，彩绘骑马仕女泥俑，面部涂细长月眉，反映了唐代贵妇人对眉妆的重视。1998年郑州市文物考古研究所等发表的《河南省巩义市芝田两座唐墓发掘简报》，河南省巩义市芝田两座唐墓发掘出土俑，其中三身头略前倾，面颊丰满，细眉，八字胡须，面带微笑，身穿白色圆领窄袖长衣，外披胭脂红色长风衣至膝下。下着长裙，双足隐于裙内。另有三身头戴风帽，细眉长眼[①]。

五代是我国封建社会一段战乱频繁、文化倒退的时代。《新五代史》卷三十四《一行传》记："五代之乱极矣，传所谓'天地闭，贤人隐'之时欤！……虽曰干戈兴，学校废，而礼义衰，风俗堕坏，至于如此。"但是，女性活动在此时并未减少。离中原战乱较远的地方，挟妓游观的风气似乎更为盛行。南唐国君李煜，换便服出宫游于乐妓之家。《清异录》称："李煜在国，微行娼家，遇一僧张席，煜遂为不速之客。"

---

①郑州市文物考古研究所、巩义市文物保护管理所：《河南省巩义市芝田两座唐墓发掘简报》，《文物》1998年第11期，第55页。

这个时期是贵族、富豪之家养妓、玩妓风尚的极盛时代。五代虽妃妾之盛，文化倒退，但此时妇女装饰仍保持前期风格，在化妆上一反唐代的浓艳之风，崇尚淡雅恬静，眉式虽不及唐代繁盛，但仍有多种变化。

宋代女性活动，具有明显的世俗化倾向，即美貌女子不在宫廷而在民间。宫廷中，再也见不到如唐代宫廷歌舞伎乐活动的那般热闹，也不会产生杨贵妃那样的人物。秦汉至隋唐，如赵飞燕这样的女性，不会在宋以后出现。此现象背后的社会文化原因，是宋代大量宫廷女子活动，采取了一种与民间生活更为贴近的方式。妇女的社会活动方式可以因社会经济、文化生活的变化而有所改变，但是她们的行为以及由此类行为所产生的社会功能、效应却并没有变，问题只在于社会经济、文化活动的变迁，使得妇女生活染上了不同色彩，呈现出多种姿态。

（二）敦煌妇女眉妆

敦煌壁画中保留了中国封建社会后期，中原汉民族和西北少数民族丰富的美容妆饰等民俗资料。壁画中的女子形象有菩萨、供养人、飞天、伎乐、奴婢、侍女、贵夫人等，她们的美容妆饰丰富多彩，几乎集中了中国古代妇女的一切美容化妆风俗和手段，特别是眉妆。

敦煌虽远在边陲，但女子的眉妆与中原眉妆息息相关，宫廷里流传的宽眉、粗眉、细长眉，不仅能很快在长安城中风行，同时会很快地流传到河西，就连敦煌壁画中的供养人、飞天、伎女的眉也都随着时代的变化而改变。

1. 早期敦煌妇女眉妆

北朝时期，敦煌壁画中的女子眉饰有两种：一种是细长倒八字眉和上翘细长眉，如莫高窟北魏第263窟中的女供养人为此眉。这就是梁简文帝《咏美人妆诗》中"散黛随眉广，胭脂逐脸生"的描述。另在顾恺之的《列女图》中亦可见到。另一种是阔一字眉和阔八字眉。一字阔眉，眉形粗阔，眉尾稍翘。阔八字眉，这种眉形以阔为主。此眉与东晋顾恺之《女史箴图卷》中女子八字长眉近似。这种眉妆见莫高窟西魏裸体飞天眉妆。北周第428窟中心柱北向龛坛沿供养人，阔八字眉，两眉距离较近，尤其眉头接近，眉尾翘，双眉为八字形。早期敦煌妇女眉形多细长，突出八字眉和阔眉。

2. 隋唐敦煌妇女眉妆

隋唐时期，眉妆承袭南北朝遗风。此时的敦煌石窟壁画除了长眉，尚有阔、短一字眉和两眉双连阔柳眉，如隋代第 305 窟北壁下部供养人；第 313 窟北壁说法图中飞天等眉妆。第 303 窟中心柱坐东向西供养人，时尚有八字阔眉。莫高窟隋代壁画中也绘有长眉的天女。隋代第 309 窟西龛外供养菩萨似眉绿。《敦煌曲子·内家娇》有"轻轻敷粉，深深长画眉绿"之句。此外，敦煌隋代洞窟中还出现了一种上挑寿眉。

敦煌唐代壁画中，有不少对女子妆饰的描述，其最明显的是敦煌唐代妇女眉妆。敦煌唐代妇女眉妆丰富多彩，与当时社会上盛行的一致，再加上受中原妆饰文化和西域风格的影响，有其不同的特点。按敦煌石窟时代来论，唐代妇女眉妆可分为初、盛、中、晚四个时期。

初唐敦煌妇女眉妆主要有四种：

一是宽而长的月眉。这种眉以长、阔为主，而且阔而弯曲，如初唐第 329 窟东壁南侧说法图中的女供养人眉妆；莫高窟初唐第 321 窟仕女眉妆等。初唐莫高窟月眉盛行，到唐高宗时代逐渐过渡，于武则天在位时达到高潮，持续至开元盛世。二是细长眉的柳眉，

图6　莫高窟第 220 窟　初唐帝王图

以黑或黑与石绿画成，即白居易诗中所谓"青黛点眉眉细长"。这时细的柳叶眉流行，莫高窟初唐第 334、57 窟中妇女均绘此眉。莫高窟中唐洞窟中的第 112 窟反弹琵琶女描细眉。这种眉饰，也是最多的一种，历代均有延续。它的眉形细而长，像弯弯的柳叶形状，在唐代大量出现，极为盛行，不但宫廷妇女描长眉，而且侍女也画长眉。三是粗而阔的八字眉等。初唐壁画中的女子饰此眉，莫高窟初唐第 431 窟南侧九品往生图中妇女，粗阔八字眉，又见莫高窟初唐第 321 窟飞天眉妆。莫高窟初唐妇女眉以长、阔为主，而且十分

图 7 莫高窟第 39 窟　西壁龛内　摩诃摩耶经（佛母返回忉利天宫）　盛唐

醒目。刘绩《霏雪录》有："唐时妇女画眉崇阔，故老杜《北征》云：
'狼籍画眉阔'……余记张司业《倡女词》有'轻鬓丛梳画眉阔'之句，
盖当时所尚如此。"四是宽而浓的短眉。隋唐承袭南北朝遗风，流行
宽而浓的短眉和宽而圆的广眉等。初唐男子也画短眉，如莫高窟初唐
第 220 窟维摩诘经变中之帝王图中男子眉妆（图 6）。

　　莫高窟初唐除了上述四种眉形，尚出现了鸿雁眉，眉形为鸿雁形，
眉头稍粗，中间稍细，眉尾粗而翘为鸿雁形状，这种眉饰很少，大概
是由阔柳眉变形而来，融入了西北的风格特点。

图8　莫高窟第130窟　南道南壁　都督夫人供养像　　图9　彩塑·莫高窟第194窟　西壁龛内北侧
局部　　　　　　　　　　　　　　　　　　　　　　　　菩萨　盛唐

盛唐从开元盛世到天宝年间，敦煌妇女眉饰流行长、细、淡的眉
形，名称有远山眉、青黛眉、蛾眉等。莫高窟盛唐第39窟西龛内摩
那夫人饰长眉（图7），白居易《上阳人》中有："青黛点眉眉细长，……
天宝末年时世妆。"敦煌壁画中的菩萨眉饰细长，黛眉尤为突出。盛
唐时，敦煌妇女眉形，阔眉开始缩短，眉身平坦宽舒，钝头尖尾，莫
高窟盛唐第130窟南壁少女面部淡妆，饰短眉（图8），盛唐第45窟
南壁观音经变之妇女眉饰，画中妇女的眉短且阔，其中眉妆作短眉，

宽而浓，大概就是《十眉图》中的涵烟眉或者倒晕眉 [1]。莫高窟盛唐第 103 窟等均有饰宽而圆的广眉的女供养人，尚有莫高窟盛唐第 45 窟彩塑眉妆。这一时期菩萨眉妆与现实中的女子眉妆上色相同，莫高窟盛唐第 194 窟西龛彩塑菩萨，面部画翠眉（图 9）。唐代妇女将原来眉毛剃去，用柳条烧焦刷成的青黑（黛）色彩为原料，在眼眉上描绘各种眉毛式样，总称黛眉。样式上，有细而长的蛾眉，弯而曲的柳眉，宽而圆的广眉等。广眉为"时世妆"，盛行于开元、天宝年间，敦煌出土绢画中仕女的"时世妆"来自京城长安及中原地区。唐代妇女黛眉主要有长、阔两种。杜甫《北征》诗有"狼藉画眉阔"之句。所以当时女子崇尚如此。当时妇女描眉，除剃去原来的淡眉之外，还要刮净额毛，用"黛"画出各种眉形，有"郝黛"（红中透黑），"绿黛"（绿中透黑）等。敦煌绢画中的仕女，眉式画法颇为特殊，有的既不是柳眉，也不是月眉，而是阔而广的黛眉。韦庄《江城子》："鬓鬟狼藉黛眉长。"则又似浓且长，至开元、天宝间则尚淡。有的妇女眉如桂叶，其形为短阔，所以元稹诗云："莫画长眉画短眉" [2]，即着眼于此。短阔

---

①段文杰：《敦煌石窟艺术论集》，甘肃人民出版社，1988年，第287页。

②《才调集》卷五。

之眉所涂黛色是向眼睑晕散，即元稹《叙诗寄乐天书》所说的"妇人晕淡眉目"。在敦煌盛唐壁画中不少小娘子、侍女、奴婢等，皆是宽而浓、向上扬的短眉。唐时尚流行柳叶眉，柳叶眉略宽，形弯曲如月，叫"月眉"或"却月眉"。罗虬《比红儿诗》曰："诏下人间觅好花，月眉云髻选人家"；《谩兴赠郎》："春红欲瘦临妆镜，试写纤纤却月眉"；《生查子》云："新月曲如眉"；等即指此。月眉的两端，一般画得比较尖锐，黛色也用得比较浓重。大约从贞元年间开始，阔眉由长式转变为短式。元和年间，两汉"八字眉"，再次复现，并盛行一时，然而，这时的"八字眉"与汉时的大不相同，不仅阔而且相当弯曲。这些眉的样式在敦煌壁画妇女面饰上都能找到实例。唐代妇女不仅对描眉极为重视，而且讲究装饰。这时妇女衣装华丽，戴冠、饰花钿，红粉饰容，眉妆有蛾眉、广眉等。这一时期，突出蛾眉，张祜《集灵台》："淡扫蛾眉朝至尊"；王勃《临高台》："蛾眉罢花丛"；司空曙《观妓》："翠蛾红脸不胜情"。元稹《恨妆成》："凝翠晕蛾眉"。初、盛唐时期的敦煌菩萨多作此种黛眉或翠眉，通称蛾眉。玄宗梅妃诗有"桂叶双眉久不描"之句，李贺诗中也有"新桂如蛾眉""添眉桂叶农"。唐人诗词中所谓"薄施铅粉画青娥"，"淡扫蛾眉朝至尊"，这种细长的蛾眉，

大概就是《十眉图》中的却月眉、月棱眉之类，见莫高窟盛唐第 217 窟观无量寿经变中的菩萨眉妆，是唐代贵族妇女的时妆之一。敦煌绢画《仕女图·引路菩萨》中被引的贵族女子，眉形为蛾眉，《引路菩萨》中的仕女是天宝年间贵族妇女生活的写照。这时的女子通过化妆如鲜花怒放，令人如醉如痴。古人诗词中赞颂了追求面部化妆，颊敷红点丹的形象之美给予人的是感官上的审美满足。

元和以后眉形又流行"双眉画作八字低"，唐代周昉《纨扇仕女图》中出现的正是这种眉（近似八字眉）。这时期敦煌也流行八字眉，这种眉是眉形妆阔、浓的变形和演变。榆林窟中唐第 25 窟东壁王后着常服，眉形似八字眉（图10），第25窟主室北壁弥勒经变临终图中妇女为典型的"八字宫眉"。

中唐敦煌壁画中的妇女眉饰仍出现了八字眉。这种八字眉重新流行，和乌唇、椎髻形成了"三合一"特色，为"元和时世妆"。妆饰的社会性包括很多内容，元和以后，服饰变异，妇女脸部妆饰也随之而变。白居易《时世妆》诗载："乌膏注唇唇似泥，双眉画作八字低。"李商隐《蝶三首》："寿阳公主嫁时妆，八字宫眉捧额黄。"中唐的八字眉比汉代更盛行，更普遍，从宫门到民间风靡一时。此时的莫高窟还出现了寿眉，此眉形状为前稍平略细，眉中逐渐升高，然后稍低，为翘眉的变形。这时壁画中佛国世界的飞天也描此眉，见莫高窟中唐窟中女子吹笛飞天，又中唐第112窟壁画中之妇女眉妆。莫高窟中唐第159窟，维摩诘经变中之吐蕃赞普听法图中男子及贵妇多饰细眉（图11）。

晚唐敦煌妇女眉妆，继承了浓和阔的特点，然而眉形较短，最有代表性的是"桂叶眉"以及柳眉、血晕妆等时尚眉形。"桂叶双眉久不描"的形象在出土文物中均有出现。这一时期饰血晕妆是以丹紫三四横约于目上下。血晕妆见于宋代王谠的《唐语林》："长庆中（821

图11 莫高窟第159窟 李其琼临

年）妇人去眉，以丹紫三四横，约于目上下，谓之血晕妆。"[1]莫高窟晚唐第17窟近侍女和晚唐第107窟东壁北侧下部供养女近似这种类型的眉饰。这也是一种时代特点。唐朝柳眉盛行，白居易《长恨歌》中的"芙蓉如画柳如眉"是这种眉妆。吴融的《还俗尼》中有"柳眉梅额倩妆新"。莫高窟晚唐第196窟柳眉弯而长，描绘在女子眉毛上十分醒目。莫高窟晚唐第9窟南壁外道女，面部似柳叶眉，身着裙裤，上有纹样（图12）。柳叶状，时称"柳叶眉"。《赋得北方有佳人》云："柳叶眉间发，桃花脸上生"，韦庄《女冠子》词："依

---

①[宋]王谠：《唐语林》，同注，第1038页。

图 12

旧桃花面，频低柳叶眉"；等均是对柳叶眉姿态的描写。

　　纵观敦煌唐代妇女眉妆，主要以细长、粗阔眉为主，细长眉多绘于贵族妇女和菩萨、供养人；粗阔、短眉多绘于仕女、劳动妇女的脸上。说明细长弯曲之眉在一定程度上体现着贵族王公对眉妆的欣赏和提倡，因为女子画细眉更为秀丽。劳动妇女多绘粗阔眉，反映出她们的社会地位，也说明敦煌唐代妇女生活的题材富于表现和多样性。

　　唐朝妇女，各式化妆，眉饰、唇饰、首饰、服饰表现出对人物描法甚细，元代汤垕《画鉴》论展子虔人物画时说："画人物，描法甚细，随色晕开……人物面部，神采如生，意度具足，可谓唐画之祖。"可见，隋代展子虔时期已将晕染法大大地推进了一步。尽管展画实物今已不存，但如果以现今出土的唐初墓画人物面部，敦煌唐代壁画妇女各种物象所表现的主体感、质量感和装饰性来看，中国绘画上的晕染法，至唐已经发展到一个相当成熟的阶段，特别是妇女面部的化妆。

3. 晚期敦煌妇女眉妆

此时敦煌妇女眉妆也受社会之影响，流行细长弯眉。除了细长弯眉，尚有一字细长眉、倒八字眉、长弧眉、寿眉等，如莫高窟五代第98窟东壁北侧回鹘公主、供养人等眉饰。

五代敦煌供养人画像中，有少数民族的皇后、公主，有本土的达官贵妇、文武僚属、随员仆从、奴婢和一般善男信女，反映出了千百年来敦煌地方佛教信徒中不同的阶级、阶层和身份。她们的眉妆也受社会之影响，流行细长弯眉，莫高窟五代第108窟女供养人尤为突出，为细长秀眉。这时的飞天眉妆与现实社会的妇女眉妆相似，见榆林窟五代第16窟箜篌飞天。五代十国前蜀时期，还流行娥眉，《辞蜀相妻女诗》："一辞拾翠碧江湄，贫守蓬茅但赋诗。自服兰衫居郡掾，永抛鸾镜画娥眉。立身卓尔青松操，挺志铿然白璧姿。幕府若容为坦腹，愿天速变作男儿。"诗中的描写与当时妇女思想开放，女着男装的社会风尚有关。

　　宋代的眉式却有后来者居上之势。据宋代《清异录》记载：一名叫莹姐的妓女，发明了近百种眉形以求日新月异。不过，突出的还是"倒晕眉"，呈宽阔的月形，而眉毛端则用笔晕染由深及浅，逐渐向外部散开，别有风韵，如敦煌莫高窟回鹘时代第 409 窟回鹘女供养人眉饰。随着东西交通的开通，西域出产的矿石"黛"成了妇女用来画眉的主要原料之一。黛是一种黑色矿物质，使用时放在黛砚上磨碾成粉末，再加水调和，描在眉毛上。画眉时，多剃去不成形的眉毛，重新描出自己喜欢的眉形，以此作为追求美的方法。北宋名妓李师师之色容："远山眉黛长，细柳腰肢袅。妆罢立春风，一笑千金少。归去凤城时，说与青楼道。看遍颍川花，不似师师好。"从李师师的美容妆饰看宋代眉式尚有"黛眉"，但从总体上看宋代眉式基本上是"一字眉"，不仅细长而且平齐。此时敦煌莫高窟宋代第 55 窟弥勒变中妇女和民间女子多绘蛾眉。

　　西夏和元，这时眉形以细长弯眉为主，略接近于柳叶细长眉，榆林窟西夏第 20、10 窟中有长眉。此时还出现了燕眉，如榆林窟第 29 窟妇女。另有细长水波眉，这种眉形近似于 S 眉形，是柳眉的变形，如莫高窟西夏第 327 窟西壁龛下伎乐。

归纳西夏时期敦煌壁画中出现的眉形，主要有四种，即细长一字眉、细长柳眉、细长燕眉和细长水波眉，这四种均以细长为主。早期的粗阔眉妆基本上没出现，说明妇女受多民族文化的影响，审美标准越来越高，细长比起粗阔更能表现女性俊秀之美的特点，所以广为西夏妇女所用。

元代基本上沿袭西夏的风格，眉形仍以细长为主，也有细长水波眉，但这种眉饰很少，如榆林窟元代第3窟北壁天女眉饰（图13），榆林窟元代第3窟女供养人饰长眉，此女戴固姑冠的兜帽上面围有抹额，抹额上饰有珠宝，兜帽两侧挂有串珠作为"掩耳"，高筒上饰有珠宝。此时佛国世界里的菩萨眉妆也多有变化，莫高窟元代第320窟菩萨细长水波眉（图14），第465窟窟顶供养菩萨均为细长水波眉。莫高窟第61窟甬道南壁元代妇女似细眉（图15）。榆林窟元代第4窟西壁蒙古贵妇眉形为细长眉。两名贵妇戴固姑冠，着宽袖交领大袍。其中第二身女供养人戴固姑冠，着宽袖大袍衣。此女供养人是蒙古贵妇形象，小唇、高鼻、凤眼、细眉。第三身侍女双手提主子的长袍，戴圆顶卷檐毡帽，披发，长眉，服饰同第一身[①]。敦煌元代壁画较少，但可以看出妇女妆饰，在运用线描上取得

图13 莫高窟第3窟 十手十眼观音

图 14　莫高窟第 320 窟　张小琴临

了新的成就，人物表现出丰满圆润、结实有力的形体。对于这种运笔的方法、线的组织规律等，在妇女妆饰上常出现。

通过上述的描述，得知敦煌石窟中的妇女眉妆，大体分两类：一类是世俗女性的眉妆，如供养人中的贵妇人、仕女以及故事画中的劳动妇女等，她们是当时妇女眉饰形象的真实记录。一类是宗教女性的眉，如菩萨、伎乐、飞天等，她们是西方世界的神，是偶像，为了表现神的形象不同于世俗女性，除了罩上一层宗教神秘色彩外，往往在眉妆上加入一些想象成分，与现实

---

①《敦煌研究》2007年第3期。目前对于固姑冠的考论，学界做了不少工作，取得了可喜的成果。

图15 | 莫高窟第61窟 甬道东壁
天女 元

女性的眉妆有一定的区别。

总而言之，妆饰文化中的眉饰，是一定历史时期文化风格嬗变中最为活跃的内容之一，它往往率先而直观地反映出当时社会独特的审美心态，时尚喜好，乃至思想意识潮流。它对于研究我国妆饰文化发展演变的历史有着珍贵的参考价值。

朱唇若丹

敦煌古代妇女唇妆

三

眸子炯其精朗兮，了多美而可观。

眉联娟以蛾扬兮，朱唇的其若丹。

——宋玉《神女赋》

　　中国古代妇女饰唇的习俗流传已久。所谓饰唇，就是用唇脂（类似于现代的口红）涂抹在嘴唇上。这种妆饰美的产生，和妇女的粉脂妆、眉妆、花钿、面靥及其他形式的妇女妆饰一样，也是由古代人们的审美观决定的。由于涂唇的颜色具有较强的覆盖能力，所以可用来改变嘴形，嘴形大的，可改画成小的，嘴唇厚的，可改画成薄的。这样，就产生了饰唇的艺术。嘴唇是人的外部形象和内在气质外显的重要器官，所以饰唇的人可以有不同类型和等级的妇女，有贵族妇女、宫廷仕女、舞女、劳动妇女等。画唇时，往往是根据妇女的地位、年龄及身世特点等决定的，嘴唇面积不大，但在人为塑造面部时，手法却表现得巧妙多样。老年人的唇饰多表现出长寿等方面的内容，未婚女子多表现出青春，而且有时内容上的讲究颇多，如中年妇女和少妇的唇形往往是不同的表示。所以饰唇不仅使人有漂亮的嘴，而且重要的是还包含着一些特定的内容。

（一）唇的历史及制作方法与颜料

妇女饰唇无疑是从源远流长的中国古代妇女妆饰文化史中获得了坚定的基础，概括、含蓄、富于装饰性，唇脂也是中国自古以来喜闻乐见的妆饰艺术。

1. 饰唇的历史

饰唇的历史源远流长。早在先秦时期，中国就出现了崇尚妇女嘴唇美的现象。战国楚宋玉《神女赋》云："貌丰盈以庄姝兮，苞温润之玉颜。眸子炯其精朗兮，瞭多美而可观。眉联娟以蛾扬兮，朱唇的其若丹。"战国时宋玉《神女赋》对当时妇女妆饰的描述，已进入细致精微的直接刻画。赋中对人从总体的描写，仍是自然美为主，但对妇女饰唇的描写，已涉及当时有了施朱唇的行为。不仅仅是对唇色形容，"眉联娟以蛾扬兮，朱唇的其若丹"句中，就包括对女性嘴唇美的赞赏，意思说嘴唇的颜色就像丹砂一样红润、鲜明。我们从出土壁画及陶俑中亦可看到将唇部染红的现象。在我国湖南长沙马王堆汉墓出土有类似的饰物，在一个小圆盒内，就盛有唇脂实物，在该墓出土的竹简上，记有"小付出蒌三，盛节、脂、粉"之语。这里的"脂"，指的就是唇脂，但不是胭脂，因为在这个时期，胭脂还没有在中国出现。以此对照墓中随葬物品，在九子奁中的一个小圆盒内，就盛有唇脂实物①。胭脂在出土壁画及陶俑中亦可看到②，如山东临朐北齐崔芬墓室西壁的出行图中侍女即为胭脂、朱唇；山西寿阳北齐库狄田口回洛墓中的女俑脸敷白粉，细眉，朱唇③。所以将唇部染红的习俗起源甚早，而且一直延续到今天，故在诗文作品中有关饰唇的记载也相当多，西晋傅玄《苦相篇》："低头和颜色，素齿结朱唇。"④到南朝梁时则发展为社会风尚，南朝梁武帝《子夜歌》："朱口发艳歌，玉指弄娇弦⑤。"贵族子弟"无不熏衣剃面，傅粉施朱"。在梁末战乱后这种风气才改变。

早期妇女唇饰·般都用粗线勾出唇形的轮廓，然后敷色，由于壁画需要长时期供人瞻仰并通过其艺术形象感染观众，要求比墓葬壁画更为严整精致，所以它在妇女唇脂上完色之后，有的还用一次定型线，

①周汛、高春明：《中国历代妇女妆饰》，学林出版社、三联书店（香港）有限公司，1988年，第140页，图版174。

②周汛、高春明：《中国古代服饰大观》，重庆出版社，1994年，第142页。

③《中国美术全集·绘画编》12《墓室壁画》，图版8，此墓系1986发现；王克林：《北齐库狄口回洛墓》，《考古学报》1979年第3期。

④逯钦立：《先秦汉魏晋南北朝诗·晋诗》卷一。

⑤逯钦立：《先秦汉魏晋南北朝诗·梁诗》卷一。

把妇女形象和精神面貌，仅用小小的口唇充分显示出来。这时樱唇小口的形象已经出现，但并不成熟。

2. 唇脂制作方法及颜料

唇脂制作的方法。北魏贾思勰的《齐民要术》中有记载唇脂制作的方法："用牛髓。温酒，浸丁香、藿香二种，煎法一同合泽，亦著青蒿以发色，绵滤著瓷漆盏中，令凝。若作唇脂者，以熟米和之，青油裹之。"因此制成的唇脂，既具备了防水的性能，又增添了色彩的光泽，是一种理想的化妆用品[1]。

当时所用的唇脂，主要原料是丹。用来饰唇脂的粉料，黏着力强。汉代文献中记载了饰唇材料，刘熙《释名·释首饰》记载，当时妇女饰唇材料叫"唇脂"，它的主要成分是丹。"唇脂，以丹作之，象唇赤也。"丹是一种红色的矿物质颜料，也叫朱砂，以它制作唇脂，具有鲜明强烈的色彩效果。但朱砂本身不具黏性，如果用它敷在唇上，很快就会被口沫融化，所以古人在朱砂里面，又渗入适量的动物脂膏。这里需要指出的是，唇脂是指涂唇的颜料，唇形是指嘴唇的形状。此外，敦

---

[1]周汛、高春明：《中国历代妇女妆饰》，学林出版社、三联书店（香港）有限公司，1988年。

煌妇女唇脂使用原料主要是朱砂（朱红），敦煌是朱砂产地。敦煌妇女妆饰的主要颜料来源，其中大多数是敦煌一带的矿物加工研磨而制成的，有一些则是从中原内地运来的成品和半成品，个别的是从古代的西域运来的。颜色鲜红的上品朱砂多用于妇女、菩萨、供养人、主佛的嘴唇和面部，着色面积很少。质次的朱砂因杂质很多，色泽不美，个别洞窟用于打底色和涂不重要的地方。另外经变中劳动妇女，一般用质次的朱砂涂唇，这从壁画中劳动妇女唇色可看出，大多劳动妇女的唇形不规范，上色不艳，大多模糊不清。

（二）敦煌妇女唇妆

随着社会风气的变迁和审美情趣的演变，敦煌妇女点唇也发生了一系列变化，并且形式多种多样。阶级社会长期形成的贵贱、尊卑观念，也渗透到化妆这一领域中，其最明显的表现，除了面妆就是敦煌壁画中各时代妇女的唇饰。敦煌历代妇女唇妆丰富多彩，与当时现实社会流行一致，各代饰唇各有其特点。

1. 早期敦煌妇女唇妆

北凉、北魏、西魏、北周为敦煌早期。早期石窟"无论石窟建筑形制、彩塑艺术或壁画艺术的思想内容和形式风格，明显地受到西域佛教艺术的深刻影响"，这种影响在敦煌经过了选择与融合，发生了变化，绘唇的技法也有所改变，因而从技法到形象都显示出敦煌的乡土特点。

敦煌壁画从一开始吸收西域佛教艺术营养，就有选择和取舍，与中国传统的道德观念、伦理思想相左者，作了扬弃。所以敦煌妇女妆饰从一开始就具有浓厚的本土魏晋艺术特点，以形象简明、富于装饰取胜。早期敦煌妇女饰唇明显地保留着西域、印度、波斯的风格，口红上色，土红涂地，色调温暖、厚重、浓丽，口型上除线描而外，还采用来自西域的明暗晕染，以表现立体感。北凉壁画中的妇女妆饰是在汉晋文化和绘画传统基础上，直接接受了西域佛教壁画的题材和技法加以融合和发展，形成了具有敦煌特色的风格。尤其是妇女唇饰的表现方法、绘制技法都与新疆壁画中女性有相近的地方。如敦煌壁画中的女子唇饰就与新疆地区妇女唇饰艺术相似，饰唇多绘成圆圈。对于我们了解高昌和敦煌之间女性妆饰的密切关系有着重要的意义。这时期妇女形象，大都面部清瘦，圆唇厚薄不均，口略显大，唇线不十分明显，形体动作显得稳衡，神情恬静，流露出一种神态安静庄重的情态，如敦煌莫高窟北凉第 268 窟穿汉装的女供养人画像饰唇，一开始就展示了敦煌的地方民族特色，艺术形象简朴。

魏晋南北朝时期不仅宫廷妇女饰唇，民间妇女也饰唇，而且比较普遍。这时妇女饰唇的艺术风格，有比较明显的演变。以北魏孝文帝太和改制可为分界线。改制以前的妇女饰唇，唇色主要以红为主，唇形以粗线勾画，形式较为简单，唇涂的面积不规则，唇形不明显，嘴唇较厚，不圆润，唇线粗犷，有的妇女唇形绘成扁平。菩萨口唇紧闭，唇色比较明快，艺术风格趋向简朴厚重。北魏孝文帝太和改制，不仅带来了汉式的妇女妆饰，而且带来了汉族的审美观，"智慧的内心和脱俗的风度"也反映在妇女饰唇这一妆饰上，形成了女性秀骨清像的特点。这时期妇女面貌清瘦，眉目疏朗，口唇较薄，有的嘴角上翘，唇形多以平扁为特点。表现在女供养人口唇，有圆形和扁圆形两种，北魏第 263 窟北壁女供养人口形为圆形，莫高窟北魏第 257 窟西壁西域王后，唇饰为圆形（图 16）。又第 257 窟九色鹿救溺人的故事，其中画面中的王后，是艺术家精心刻画的一个反面人物。为了突出王后的性格，唇饰为朱红略为扁圆形，描绘了妇女的个性细节。这时的飞天、伎乐、菩萨口唇，有圆形小口和扁

圆形小口二种。

西魏时期的唇饰分两类：一类妇女妆饰在中国传统神话或神仙
为题材中表现，如莫高窟西魏第 249 窟南顶画三凤驾车，车中坐一
女神，即西王母。画中西王母，口唇艳红，为不规则的圆形。西王
母的唇脂和唇形，反映了当时现实社会妇女饰唇的习俗。壁画中的
妇女唇饰，是从汉墓画中妇女的妆饰基础发展而来。近年来的墓葬
发掘中，我们也看到了更早的妇女唇饰。如马王堆西汉帛画中的各

种神怪，洛阳西汉卜千秋墓中的女娲[1]，东汉画像砖、画像石上的西王母等，特别是在酒泉丁家闸发现的十六国壁画墓东西顶画的东王公、西王母，这类传统神话中的西王母的唇脂和唇形，从仙人和神异，反映了当时现实社会妇女饰唇的习俗。另一类是佛国中的菩萨唇妆。西魏敦煌壁画中的少女和供养菩萨，唇饰朱红为圆形，突出了女性的特点。另外，为了表现特定的内容，艺术家用不同的唇形来表现人物的形象，从身份地位到性格类型，形成一系列的妆饰效果，表现菩萨的优美温婉，以富于变化的半侧面唇形。西魏时期妇女唇形还出现了新型，唇形长、圆不一，如莫高窟西魏第285窟北壁妇女服饰、唇妆（图17）；莫高窟西魏第285窟东壁女子面妆，小口圆形（图18），而且出现了眉目开朗，神情潇洒，口脂在色彩上也一改由土红涂地而造成的浓重色调和静穆的意境，这种为中原传统的绘画染色法替代了西域式的晕染，而出现了口唇生机勃勃的运动感，形成了新的艺术风格。这种被称为中原式风格的饰唇艺术，是以魏晋南北朝士大夫的生活、思想和审美理想为基础的，这种风气很快

---

[1]洛阳博物馆：《洛阳西汉卜千秋壁画墓发掘简报》，孙作云：《洛阳西汉卜千秋墓壁画考释》，《文物》1977年第6期。

图 17　莫高窟第 285 窟　北壁　供养人　西魏

图 18　莫高窟第 285 窟　东壁门南　供养人　西魏

反映到全国各地的妇女妆饰上。

北周时期中原式秀骨清像饰薄唇与西域式丰圆脸型饰厚唇互相结合，产生了口唇圆润、厚重的新形象。壁画中的妇女，唇形圆状比较明显，唇脂上产生了表现立体感的新晕染法。

此外，还有一种类型是圆口唇，如莫高窟北周第290窟菩萨，第428窟的伎乐天，口唇直接用颜色画成一个圆圈，而口唇绘的偏下接近于下颏。还需要提到的是莫高窟壁画北周第296窟福田经变中妇女唇饰，粗糙，唇脂颜色不艳，而且唇形不规范，直接描绘了现实社会中劳动妇女的唇饰习俗和世俗的偏见。此时女供养人像的唇饰，一般来说绘得较为精细，唇脂颜色为朱色。敦煌石窟壁画中的女供养人，她们是现实社会中贵族妇女的形象。在女性人物造型上，十分注意掌握唇在面部的比例，表现"神"的形象，多借助想象，出现超越现实生活的形象，用小而不规则的圆作为唇饰。

总的来说，早期妇女唇饰，表现手法逐渐丰富，从口唇上表现出的性格类型逐渐明显。有的妇女唇厚，表现出庄严慈祥，菩萨唇较为圆润，表现出清秀怡淡等等，从形象上反映出当时人们欣赏女性化妆的风尚。当时妇女的妆饰艺术虽然在相当程度上还保留着外来的原貌，但毕竟已经生长在中国的土壤里，已经开始向中国化发展。这时期的妇女饰唇，尽管还未达到辉煌灿烂的成熟期，但栩栩如生的妇女形象和质朴浑厚的唇饰风格仍然深含着美感，使历代人们为之神往。

2. 隋唐敦煌妇女饰唇

自隋代统一以后，中原文化对敦煌石窟的影响与日俱增。唐代以后，僧侣、商贾和使者的往还更加频繁，中原妇女妆饰不断传到敦煌。唐代妇女妆饰在隋代三十多年间努力探索的基础上进入了新的历史阶段。

隋唐时，石窟壁画艺术中的妇女妆饰突破了旧的格局，出现了新的意境。隋代敦煌妇女唇饰出现了种种新特征，如莫高窟隋代第305窟窟顶飞天用胭脂点唇；莫高窟隋代第305窟中心柱贵妇突出红唇。隋朝不仅妇女饰唇，男子也饰唇，如莫高窟隋第389窟北壁男子唇饰（图19）。传世的唐代绢画《捣练图》《纨扇仕女图》中妇女唇饰也多样，这时敦煌妇女饰唇与中原妇女饰唇相似，说明敦煌与中原的关系不仅在史实上有载，而且也反映在妆饰文化史上。

唐代是我国历史上封建社会经济、政治、文化发展的高峰。对外来文化能广泛包容，择其精华而吸取，表现在妆饰上面，出现了崭新

图 19 莫高窟第 389 窟　北壁
　　　　供养人　隋

的风貌。据记载唐代妇女饰唇有多种，如胭脂晕品、石榴娇、大红春、嫩吴香、半边娇、万金红、圣檀心、露朱儿、内家圆、天宫巧、洛儿殷、淡红心、猩猩晕、小朱龙格、双唐媚、花奴样子。从目前掌握的实物资料和文献来看，古时并没有这么多唇饰，唇尽管以小、艳为尚，但画唇的大概形状还是一致的，仅在个别处有小的变化。所以，古时的十几种唇饰，一部分是诗人形容女子美丽而附加的形容词，另一原因是古时女子多以不同的红色来涂唇。敦煌莫高窟藏经洞出土的大批绢画，画中之妇女的唇饰都已完备。这足以证明，南北统一以后，中原妆饰文化所产生的巨大影响。此外，随着中外友好往来和文化交流的扩大，吸收外来文化的成果，也成为敦煌唐代妆饰文化艺术发展的一个不容忽视的因素。然而借鉴和影响不能代替创造，莫高窟的妆饰艺术之花毕竟是生长在敦煌的沃土上的。在这里起决定作用的是敦煌艺术本身的深厚传统和艺术家的劳动。敦煌女性的唇饰，既是整个唐代艺术的组成部分，又具有自己鲜明的个性，取得了独特的成果。

　　初唐敦煌妇女的妆饰艺术体现了地域、风俗"美的风尚"的特点。这时妇女面部的化妆，口型上比较注重唇形的曲线表露和唇部的丰满，画中的青年供养人，面颊饱满，五官均匀，红润浓艳的小唇使女性面部的唇形曲线自然流露。敦煌莫高窟初唐第 57 窟说法图中妇女容妆，由于恰到好处地表现了唇脂，面部丰满，给人以健康、挺拔的美感，莫高窟初唐第 321 窟东壁女子穿小散花纱裙，唇饰浓艳小口（图 20），同时代敦煌壁画中的思维菩萨，身穿露胸衫，体态秀美，口唇小艳，与传世的仕女图妇女唇脂相似，是当时宫廷妇女唇妆的表现。这时敦煌初唐妇女唇饰的另一个特点是从菩萨、飞天形象上反映出世俗化和女性化的特点，敦煌菩萨、飞天的唇饰

三

朱唇若丹

敦煌古代妇女唇妆

图20 莫高窟第321窟 东壁北侧
菩萨 初唐

有明显的变化。菩萨多少保留着隋末的余风，体态修长，口唇薄小，飞天口唇圆而小，如初唐第321窟双飞天，初唐第329窟乐队飞天，还有画中的拈花菩萨，面貌丰圆健康，口唇圆润，展示了敦煌初唐女性健康而淳厚的美感。

　　这时莫高窟唐代妇女画像，虽然不同于"写真"，但仍应属于肖像画的范畴，艺术表现上逐步打破千人一面的模式，在大规则不变的情况下，细致入微的唇形还是富有变化，愈来愈多的唇形刻画出不同妇女的年龄和个性特点。

　　盛唐妇女，特别是那些宫廷仕女，在面妆上争奇斗艳，想出种种的妆饰方法，以迎合当时人们的审美心理。因此，绘唇脂、涂胭脂、贴花钿等风俗广泛流行。这时唇形有了比较规范的标准，这在敦煌壁画，新疆阿斯塔那出土的8号墓中妇女，敦煌藏经洞出土的绢画中①中都有显现，《树下说法图》中的女供养人和《观音变相图》《佛传图》中妇女均为"樱桃小口"。女子红唇脂浓淡相宜，装饰性强，这种"时世妆"的风格，反映了因时代而演变的过程，我们可以见到中国妆饰文化发展的情况，所晕染不同的唇饰都有助于性格

---

①吉美博物馆：《西域美术Ⅲ》，绢画，日本东京：讲谈社，1995年。

图 21 | 莫高窟第 217 窟　东壁
观音经变局部　盛唐

图 22 | 莫高窟第 130 窟　甬道南壁　都督夫人供养像
局部　段文杰临摹　盛唐

的表现。敦煌石窟壁画中许多女子，从她们的唇饰上反映了不同年龄的女性。莫高窟盛唐第 445 窟弥勒经变中之剃度女子，唇脂淡妆；盛唐第 217 窟东壁着纹样裙的女子，樱桃小口，唇色鲜红，在典雅含蓄的动态中表现了自然和谐的美（图 21）；盛唐第 130 窟少女浓艳的樱桃小口（图 22）。莫高窟第 130 窟天宝年间的女供养像，都督夫人太原王氏身后随二女及侍婢，口唇与名画《虢国夫人游春图》中的宫廷侍婢一样，口唇薄厚均匀红润，唇饰均是宫廷里的时世装。

这幅女供养人画像，实是一壁技艺出众的唐人仕女画。在她们的妆饰上充分反映出了不同等级和年龄的女性。这时期敦煌飞天的唇饰，有的小唇圆润。画中的飞天都是唇色鲜红，着贵妇人的透体罗裙和锦帐。盛唐飞天多樱桃小口。敦煌盛唐菩萨的唇饰，口唇小而圆润，如莫高窟盛唐第41窟开元十四年的小身菩萨是此类唇饰风格的代表。盛唐第320窟双飞天小唇（图23）。莫高窟盛唐第45窟侍立

图23 莫高窟第320窟 赵俊荣临

菩萨红唇，着贵妇人的透体罗裙和披帛。盛唐第 384 窟供养菩萨唇形厚薄适中，樱桃小口艳红的特点，在典雅含蓄的动态中表现了自然和谐的美。可见唐代佛教女性人物的妆饰形象，已普遍采用世俗生活中的人物作为蓝本。盛唐妇女唇饰，反映出社会经济力量发展，政治力量强大，于是妆饰华丽、饰唇浓艳成为时代的风尚。

中唐时期，从唇形上进一步体现出女性化的特征，均以现实社会中世人认为的标准美女小口为时尚，如中唐第 158 窟吹笛飞天唇饰；中唐第 112 窟西方净土变之舞乐的唇饰（图 24）。第 112 窟北壁西侧报恩经变局部、鹿母故事中的妇女是这一时期的代表，表现出了女性面部的丰满和温情阴柔的品格。口唇厚圆是此时妇女唇饰风格的代表。莫高窟中唐第 468 窟着长裙作舞蹈状的舞伎等，她们的面部妆饰不一，有的涂胭脂，有的涂粉，有的饰红唇。这时的菩萨面相丰腴，口唇厚圆，唇形突出，唇色鲜艳，有贵妇人的姿态。

天宝十四载，安史之乱起，河西走廊为吐蕃占领。吐蕃占领敦煌之后，社会生活相对安定，吐蕃时期妇女唇饰颇有特点，唇形继承了盛唐厚薄适中，樱桃小口艳红的特点，如莫高窟中唐第 220 窟甬道南龛吐蕃妇女（图 25）；莫高窟中唐第 225 窟东壁吐蕃女王沙

图 24　莫高窟第 112 窟

奴（图 26），这些妇女妆饰华丽、饰唇浓艳成为时代的风尚。中唐第 144 窟东壁贵妇唇色鲜艳。莫高窟中唐（西夏重修）第 158 窟经变中的侍女唇饰是名画中仕女唇饰的写照，口唇厚圆，唇形突出，唇色鲜艳有贵妇人的姿态。这时妇女妆饰华丽、饰唇浓艳成为时代的风尚。这一时期菩萨服饰突出，莫高窟中唐第 159 窟西龛菩萨服饰与唇妆（图 27）。唐代饰唇，除妇女使用外，男子也化妆，敦煌男子饰唇一般也涂色，涂法与妇女相同，所用的颜料与妇女使用的

一样，如中唐第 159 窟吐蕃赞普红唇，第 158 窟吐蕃时代帝王侍臣。
这时期画中的吐蕃赞普唇厚而圆。古时男子使用唇脂，一般不含颜色，
而妇女所用的唇脂，主要是为了妆饰，含有颜色。敦煌唐代妇女妆饰
的色彩，除各种色相分别具有许多不同色度外，又有许多调和色，所
用颜料有石青、朱砂、银朱、赭石、土红等。特别是唐代妇女唇脂，
饰唇的技巧发展到了高度纯熟的境地，使唐代成为敦煌女性秀色最为
富丽绚烂的时期。

图 27 ｜ 莫高窟第 159 窟　西壁佛龛内南侧
菩萨局部　中唐

　　晚唐时期的妇女唇饰基本上继承了吐蕃时期的风格，这时的唇
形风格统一为小圆形，而且突出红色，如莫高窟晚唐第 147 窟西龛
吐蕃装妇女红唇（图 28）。壁画中的汉族妇女唇饰与前期一样，仍为
小口唇形，如画中人物，莫高窟晚唐第 9 窟北壁天女服饰和唇饰，同
样为圆润的小唇（图 29）。莫高窟晚唐第 17 窟北壁树下近侍女唇饰，
均小唇。这时唇妆方面，则在晚唐僖、昭年间达到顶峰。各种妆饰名
目达一二十种之多，且色彩十分丰富。在造型上，口型则仍以小巧圆
润为美。张议潮夫人是唐代贵族妇女的典型代表，特别是唇形圆小，

图28 莫高窟第 147 窟 西壁佛龛内西壁南起 第二幅屏风画 晚唐

唇脂红艳，反映了现实生活中妇女妆饰文化和少数民族文化融入的特点。晚唐时贵族妇女的面饰，已经逐步复杂起来。一般有花钿、面靥、红唇等，面部妆饰丰富，头上多作高髻而略向后倾，和西安出土的晚唐陶俑妇女妆饰和唇脂近似。这种相同不是偶然的巧合，敦煌曲子词有妇女饰唇的描写，这些都说明了晚唐贵族妇女盛妆的特点。妇女的化妆则表现得健康、活泼、清新，富于朝气。如元稹的《恨妆成》："傅粉贵重重，施朱怜冉冉"；《敦煌太守后庭歌》："美人红妆色正艳。"由此，仕女面色妍丽，口唇圆润、线条细腻，说明只有仕女在生活中

图 29 | 莫高窟第 9 窟 北壁
维摩诘经变之天女 晚唐

经过化妆，才能产生柔婉鲜华的艺术魅力。仕女画虽然也是当时的世俗人画题材，但主要表现了女性的美貌，当时贵族妇女的生活与时妆反映了时代精神。

总的来说，敦煌唐代妇女饰唇出现了与早期不同的特点。早期妇女"秀骨清像"，面貌清瘦，眉目疏朗，口唇薄扁，饰唇涂色不艳，口型线描粗糙，唇形为不规则的圆、扁、长不等型。后期妇女形象出现了"长眉入鬓""丰腴莹润"的杨贵妃式的风貌，表现在唇形上多以艳红的"樱桃小口"为时尚，有口唇圆小、唇线均匀、上色红艳等

朱唇若丹

敦煌古代妇女唇妆

特点，这在敦煌供养人中表现最为突出。另外，这时的妆饰艺术特别是唇饰在早期的基础上发展起来，在绘唇局部的某些方面仍有超越早期的成就。

敦煌妇女妆饰，不仅是宗教的宣传品，同时也是艺术的展览品，是妇女妆饰文化史的再现。著名的艺术家和无名匠师各以自己的艺术实践，将唐代妇女妆饰艺术的发展推向了高峰。

3. 晚期敦煌妇女饰唇

隋唐之后，中国历史进入五代十国纷乱时期。敦煌莫高窟妆饰艺术也进入了晚期。其间，经历了三个不同民族的妇女妆饰艺术，在内容和形式上自有不同的特点。

五代妇女唇饰，基本上承袭晚唐的规范，但内容丰富了，出现了不同民族的妇女唇形和唇脂。这些妇女唇饰大都特点不变，仅在小的范围内有细微的变化，但万变不离其宗，均以小而圆的唇形为时尚。公元 907 年，曹氏政权与甘州回鹘结盟，西与于阗使者往来。因此，敦煌壁画出现回鹘衣装、面妆的公主像，即是联姻关系反映的历史痕迹。它不受地域概念的束缚，既有中原汉地妆饰，也有西域妆饰，两相交融，各显异彩。由于敦煌统治者曹氏家族与甘州回鹘、于阗回鹘有联姻关系，供养人中颇多回鹘公主像。回鹘公主是标准的现代人称的樱唇小口，圆润红艳，如画中的曹议金的回鹘夫人。于阗国王供养人容妆突出地显示了妆饰美。榆林窟五代第 20 窟弥勒经变中的婚礼来宾中的女子饰唇；榆林窟五代第 25 窟吐蕃观无量寿经变中女子小口红唇（图 30）；莫高窟五代第 409 东壁回鹘王妃着礼服，红唇脂，衣裙与回鹘女性妆饰完全相同，可见采纳了回鹘妇女妆饰的式样。莫高窟五代第 100 窟回鹘公主唇饰，红粉妆都具时代特征。五代第 100 窟南壁舞伎服饰，饰红唇小口（图 31）。这一时期壁画中的妇女在饰唇上，明显地表现出等级观念，劳动妇女口型不规则，颜色不艳。敦煌这类女性妆饰描绘粗糙，比起贵族妇女和供养人要逊色得多。说明唐末农民的悲惨生活，劳动妇女从穿戴到唇脂妆饰都不如贵妇人豪华艳丽，形成强烈的对比。

宋代敦煌妇女饰唇有两种表现，一为薄圆小唇，另一类为厚圆小唇。从敦煌壁画看宋人和唐人，在服饰、面饰、眉饰、唇饰均有不同表现。宋人体态文静端庄，面部长圆，涂脂抹粉朴素，细眉开目，口唇薄小。唐人体态丰满，衣着宽肥，粗眉居多，口唇较厚，圆润红艳，形成鲜明的对比。宋人郭若虚说："今之画者，但贵其婷丽之容，是

图30　榆林窟第25窟　南壁　观无量寿经变　中唐

取悦于众目，不达画之理趣也。"[1]

　　中国古代妇女的妆饰和服饰往往以道德为标准，道德的最高标准是"三从四德"。这一思想在两宋时期得到进一步推崇，对妇女的约束被推向极致。妇女与服饰相关的妇德主要表现在，一是把服饰与妇女的"第一德"节操联系起来。古代王后与诸侯夫人的六服，均上下连属，色彩相同，为的是表示妇人对夫专一。二是以服饰掩盖妇女形貌，达到"存天理，灭人欲"的目的。三是用"妇功"把妇女约束在

---

[1]敦煌石窟遗书P.2187、S.3491，见《敦煌变文集》卷四，人民文学出版社，1957年。

图 31 ｜ 莫高窟第 100 窟　南壁
曹议金出行图局部　五代

狭小封闭的生活圈子中。当时对服饰的约束无疑使妇女妆饰中的唇饰受到了影响。

西夏时期回鹘部落遍布河西走廊，东面有甘州回鹘，西面有高昌回鹘、沙州回鹘，莫高窟留下了当时的回鹘妇女像，提供了非常珍贵的资料，反映了敦煌西夏时期回鹘妇女妆饰文化的历史价值及其影响。壁画中出现不少穿戴"胡服"的妇女形象，其中尤以供养女像为代表。供养女着装华丽浓艳，面型娇美动人，眉目修长，丰圆小口，梳高髻，显得华贵端庄，光彩夺目，是别具风格的女性肖像。

西夏王妃穿回鹘装、饰红唇，是党项民族的衣装和化妆。榆林窟西夏第 2 窟女供养人像，涂胭脂，唇脂红艳，小口唇形，与 1977 年在甘肃武威西郊林场西夏 2 号墓出土的彩绘木板画五女侍图所穿衣着、面部妆饰、唇饰相似。供养人画像也略有变化，出现了具有不同民族特征的画像。榆林窟晚唐（西夏重修）第 29 窟的党项族画像，体形高大，两腮丰圆，鼻梁高拱，眼如柳叶，唇小而厚，嘴角上翘，画像的圆腮面形，高个头和紧袖长衣，皆表现出一种强悍豪放的气质。女像饰唇，穿右衽窄袖长衫，内系百褶裙。另外，西夏妇女面貌丰润，衣纹流畅，唇脂浓艳，口唇娇小，一方面有少数民族的特点，另一方面犹有唐宋余风。20 世纪 60 年代考古发掘中发现的莫高窟西夏第 491 窟供养天女像，额头宽阔，相貌朴实，红唇脂，这是中原贵族妇女的妆饰和唇饰风格。西夏晚期少数党项族女供养人像，唇形小圆润，另外，敦煌西夏女供养人唇脂妆饰，衣冠服饰，色彩运用及艺术风格与西域高昌伯孜克里克第 38 窟供养人衣装、唇饰相似。既有文化上交流的密切联系，又体现生活习俗上的相融。由此不难发现，妆饰文化的审美观，与此有关的妇女妆饰等有着千丝万缕的联系。因此，地域性与民族性不是一成不变的，它存在着融合性与演绎性，由于历史的更迭、民族之间多次的迁徙与往来，民族习俗，浓缩、积沉着民族文化的心理结构，形成了妇女妆饰特殊美的异同。

元代壁画中出现的供养天女，相貌朴实，唇饰鲜红，穿文绣衣，是蒙古贵族妇女的妆饰，如初唐（五代、元重修）第332窟蒙古族女供养人。这时的水月观音、千手千眼观音以及飞天唇饰，均以唇形娇小、圆润红艳而突出女性特征，使形象更加真实感人，唇形用折芦描表现唇的角度。另一种西藏式密教图像中的妇女唇饰，如元代第465窟壁画妇女唇饰，厚圆形小唇，具有明显的受尼泊尔和印度影响的特征。这些少数民族妇女妆饰，其内蕴含着地域与民族性，以及审美情趣的相同。其中主要因素在于处在一个社会历史背景之中，并和精神文化内涵联系。

总结敦煌妇女各代唇脂和唇形的主要特点：早期以粗扁圆不均为时尚，隋唐以圆润浓艳为尚，晚期则以圆薄唇不等为时尚。再者，菩萨、供养人的唇饰代表宫廷贵族妇女，飞天、伎乐唇饰代表宫廷歌舞伎，壁画中的民间妇女是现实社会劳动妇女的写照。

敦煌妇女唇饰的历史，与中国历代妇女的饰唇形式一样，尽管具体形式有变化，唇形各异，但基本特征则保持不变，娇小浓艳为时尚。少数妇女为了使嘴形达到"樱桃小口"的标准，在涂抹妆粉时常将自己原有的嘴唇一并抹上，然后再以唇脂重新点上画出唇形。在唇形上一般根据口的形状大小、厚薄而定，涂色则根据脸色而定，往往唇色和面部涂色呈现同一风格，如红粉妆用红唇等。

敦煌女性的妆饰，无论是唇形、眉饰等，都是妆饰文化的构成因素，而这些又以历代妇女对于妆饰的追求表现得最为充分。敦煌妇女妆饰文化的发展，不仅同妇女的历史生活相关。而且妆饰也与不同时代审美趣尚的变化、经济生活的发展、民族间文化交流、文化心理结构和整个社会精神文化有着密切的联系。

胭脂红粉

敦煌古代妇女红粉妆

四

故着胭脂轻轻染，

淡施檀色注歌唇。

——《柳青娘》

　　人的面部是最生动、最能表达感情、反映个性的部位，女性尤其突出。从古至今，面妆，特别是粉脂妆是女性不可缺少的化妆技术。面妆作为妆饰文化的主要内容，反映着整个古代妇女妆饰史的盛衰及审美观的变迁，显示着不同时代、不同民族妇女的精神面貌，在中国古代史上占有相当重要的地位。

（一）妇女红妆的来历

　　关于妇女涂粉的来历，史籍中即有多种说法。有说是禹的发明，根据是《墨子》："禹造粉"；有说是纣的创造，根据是《博物志》："纣烧铅锡作粉"；有说是出自于周文王之手，根据是《妆台记》："周文王髻上加珠翠翘花，傅之铅粉"；还有说产生于秦穆公时，根据是李石《续博物志》："萧史与穆公炼飞雪丹，第一转与弄玉涂之，今之女银腻粉也。"这几种说法，究竟哪一种说法更接近于事实？尚待进一步探讨。

中国古代妇女化妆以涂粉为美的现象，先秦时期已经出现。许慎《说文解字》释："粉，傅白者也，从米，分声。"谓粉为米做，用之涂面。汉之前女子面部涂粉，为米粉，研成细粉，妇女用以涂面。还有一种涂面的方法，是指只涂粉在脸部，这种方法叫"泪妆"。王仁裕《开元天宝遗事》："宫中嫔妃辈施素粉于两颊，相号为泪妆。"《西湖游览志余》记载理宗时宫中："以粉点眼角，名曰泪妆，一时皆效之。其掩泣上马，北行之谶。"

除"米粉"外，汉魏时期妇女还用铅粉饰容。铅粉即铅华，出现于夏、商、周时期。古时称其"铅粉"，是因以铅等金属烧化碾碎后制成故名。《中华古今注》载："自三代以铅为粉，秦穆公女弄玉，有容德，感仙人箫史，为烧水银作粉与涂，亦名飞云丹。"三国魏曹植《洛神赋》："芳泽无加，铅华弗御。"铅粉是我国使用最早的化妆品之一。不但女子使用，而且男子也用它作妆饰。据考古发现，秦始皇兵马俑出土的陶俑身上都有一种铅质，经光谱分析，知所有的陶俑在施行彩绘之前，都涂过一层铅粉。这种铅粉与妇女涂面用的妆粉是同一种物质[①]。

　　妇女使用铅粉是当时的一种时尚髦。铅粉色泽润白，质地细腻，所以深受妇女喜爱。南朝刘勰有《文心雕龙·情采》有"夫铅黛所以饰容，而盼倩生于淑姿"之句。说明傅粉在妇女面饰，能使面部显得更加清晰白润。不过那时的人们没有太多的妆扮意识，涂粉只是将粉轻涂在脸部，并不明显，仅是起到了点缀的作用。随着生活水平的不断提高，人们开始重视打扮自己，于是出现了红妆。女性涂红粉显然要比涂米粉、铅粉亮丽。因为红粉妆饰效果强，更能表现女性的特点，广为妇女所用。

　　继铅粉之后，红粉开始发展并流行于边陲，在西北一带出现。十六国时期妇女涂铅粉的同时出现涂红粉的现象。在出土文物中都有发现，酒泉十六国墓壁画中女子面部为两点不规则圆形红粉脂，涂红面积很小。由于墓主人具有诸凉小王国王侯一般的身份，因此反映了当时上层社会妇女面部涂红粉妆的特点。墓中《燕居行乐图》主人身后侍立一女一男，侍女粉面朱唇，长裙曳地。梁武帝《艳歌篇》中"分妆间浅靥，绕脸傅斜红"之句，就是讲施红妆于面颊的做法，也是指

①周汛、高春明：《中国历代妇女妆饰》，学林出版社、三联书店（香港）有限公司，1988年。

这时妇女化妆的特点。面妆作为特定的审美对象，是和时代的思想意识相联系的，当社会观念产生变化之后，面妆会随之而变化，旧的妆饰在历史发展过程中衰败并走向消失。到了魏晋南北朝，妇女面部涂胭脂又有了新的进展。

（二）胭脂原料与制作方法

胭脂早在夏、商、周时就已出现。胭脂原料有四种：一种以红蓝花汁染胡粉而成；一种以山燕脂汁粉而成；一种以山榴花汁做成；一种以紫柳染锦而成。

汉初胭脂就已由匈奴传入中原，并影响汉族妇女。敦煌北魏时期已出现胭脂，至隋唐，壁画上大量出现妇女面部涂胭脂的现象。敦煌壁画中女子涂胭脂所用的一般是红蓝花。红蓝花是制备胭脂的主要原料，也是河西特产之一。在当时，红蓝花是昂贵的化妆品，同时又用作染料、颜料、中药，用途较广。最原始的制粉方法，是用一个圆形的粉钵，盛以米汁，使其沉淀，制成一种洁白细腻的"粉英"，然后放在日中暴晒，晒干后的粉末即可用来妆面。由于这种制粉方法操作简便，所以在民间广泛流传，直到唐宋时期人们制作这类妆粉，使用的仍是这种传统的方法。红蓝花的花瓣含有红、黄两种色素，花开时被整朵摘下，然后放在石钵中反复杵槌，淘去黄汁后，即成鲜艳的红蓝花染料。妇女涂面妆的胭脂有两种：一种是以丝绵蘸红蓝花汁制成，名为"绵燕支"；另一种是加工成小而薄的花片，名叫"金花燕支"。这两种胭脂，经过阴干处理，使用时蘸少量清水，即可涂抹。大约到了南北朝时，人们在这种红色颜料中又加入了牛髓、猪胰等物，使其成为一种稠密润滑膏。由此，燕支被写成"胭脂"，"脂"字有了真正的意义。

唐、五代、宋时，颜料市场对敦煌妇女妆饰产生了很大影响。唐、五代、宋初敦煌壁画颜料的主要来源有三部分：一部分来自敦煌本地及河西走廊；一部分来自于中原；一部分来自于西域。唐、五代时期，敦煌东邻的张掖、西邻的高昌都是邻近的颜料市场。敦煌颜料贸易市场的颜料，对敦煌妇女的妆饰产生了直接的影响。当时敦煌颜料贸易市场上有一批专门从事颜料生意的商人，他们中间有汉人，也有粟特人，有的本身就是从事敦煌石窟艺术的工匠。因为颜料供给充实，为此，敦煌妇女化妆在五代时仍表现出时尚的特点。另外，从敦煌文书的记载来看，当时就有胡粉、红蓝、红花丹等，龟兹出产的胡粉在当时非常有名。当时，敦煌市场出卖胡粉比较常见，《炫和尚货卖胡粉历》的明细账中记载有相当一部分出卖给僧侣，僧人都为寺院购买了相当数量的胡粉，这部分胡粉用作颜料了①。敦煌地区的汉族居民基本上都是从中原地区迁徙而来的。他们在汉唐之间，很多人与少数民族通婚。吐蕃占领敦煌时期，粟特人部落使康秀华控制了敦煌对外胡粉贸易，为抄写一部《大般若经》向佛教教团施舍了价格约 600 石麦子的胡粉、粟麦和银器。敦煌地区很多东西都源自西方，如胡粉，是由龟兹地区贩运至敦煌市场的高级化妆品和颜料；金青，原产地在中亚地区，是敦煌石窟壁画绘制中经常使用的颜料，也是由胡商贩运到敦煌地区的。

古代涂胭脂的方法主要有三种：第一种，在妆前先将胭脂与铅粉调和，使之变成檀红色，然后直接涂于面颊。以檀粉敷面，古时称"檀晕妆"，它与其他方法化妆后的效果在视觉上有明显的差异。因其在涂面以前已被调和成一种颜色，所以色彩比较统一，整个面部敷色比较均匀，能给人以庄重文静之感。这种妆饰多用于成年妇女。第二种，

---

①郑炳林、张正雍：《晚唐五代敦煌颜料贸易市场研究》，提交2000年敦煌学国际学术讨论会论文。

先抹白粉，再涂脂。胭脂的部位往往集中在两腮，所以双颊多呈红色，而额头、鼻子及下眼分别露出白粉的本色。史书中的"桃花妆"即指此，多表现在年轻女子面部。第三种，先在面部涂抹一层胭脂，然后用白粉轻轻罩之。由于用色的程度不一，名称也不同，浓艳者称"洒晕妆"，稍浅一些的称"飞霞妆"。这三种在敦煌藏经洞出土绢画妇女面部有所反映。五代、宋时期妇女制作胭脂的方法与唐代制作胭脂的方法十分相近："粟米随多少，淘淅如法，频易水浸，取十分清洁。倾顿瓷钵内，令水高粟寸许，以薄绵绷钵面，隔去尘污，向烈日中暴干，研为细粉。"最后加上各种香料，便成香粉。由于粟米本身含有一定的黏性，所以用此涂面，一般不易脱落，具有一定的附着能力。

（三）敦煌妇女红粉妆

东汉晚期，中原地区传统的政治、经济、文化受到战争的影响日益凋谢，而敦煌地区始终处于基本稳定的社会环境中。另外，敦煌特殊的地理位置，又使它成为佛教东传的"咽喉"，这些特殊社会、历史、地理背景和条件，无疑为敦煌地区荟萃东西方妆饰文化艺术创作提供了可能，敦煌妇女红粉妆正是上述文化大背景下的民间妆饰艺术活动

图 32 莫高窟第 288 窟　东壁门南　供养人　西魏

的产物。

1. 早期敦煌妇女红妆

　　魏晋南北朝是融合型文化特征，中西文化交流频繁，由于各民族大融合，以及自觉趋向型的文化心态等时代条件决定，原先的封闭状态被打破了，当时人们思想开放，尤其在敦煌，表现得更为明显。无论政治、经济、风俗、服饰都不是单一型的，而是以汉族文化为主，对各少数民族和外来文化兼收并蓄，包罗宏富。这其中也包含了妆饰文化的特征，这时的敦煌妇女妆饰是指一种更适应时代生活风格的妆饰文化。继铅粉之后，红粉开始发展并流行西北。

图33 │ 莫高窟第285窟　北壁西侧
　　　 供养人　西魏

早期敦煌妇女涂红粉的特点，主要有两种：

一种是小面积涂红。这种涂法，多涂在面部两侧的中间，绘成不规则的圆形，接近眼部，四周大面积无色，如画中供养人，莫高窟北魏第288窟东壁贵妇与仕女服饰，涂淡淡红粉（图32），此窟男供养人脸上也涂有不规则的红。还有脸部涂红面积很小，仅在脸前眼部下绘两处红点；西魏第285窟北壁贵妇服饰比一般的女供养人讲究，但面部涂红面积小，不十分清晰。另一种是大面积涂红，这种涂法，红色沿眼边一圈与脸部连在一起，沿边绘处宽，中间淡，如莫高窟西魏第 285 窟北壁贵妇面饰红粉（图 33），尚有壁画中乐伎大面积涂红。大面积涂红，这种涂法也与使用颜料有一定的关系，随着时间的推移，颜色发生了变化，当时涂打的地方，时间长了显得不太清楚。

敦煌早期妇女红粉妆与中原、西域既相联系而又各具特色的地域文化特点，充分地反映在妆饰文化上。敦煌妇女涂红粉大多有传统妆饰和西域妆饰共存之特点。发展到北魏晚期，敦煌妇女妆饰逐渐融入传统的审美特色。北魏到北齐妇女主要突出红粉妆，这种妆饰的特点，还不是纯粹中国式的化妆形象。但到唐以后，无论是供养妇女、菩萨、天女每一个面相，都是地道的中国妇女了。所以我们说，唐代妇女妆饰艺术已进入了民族形式的成熟时代。

2. 隋唐敦煌妇女红妆

隋唐时期妇女粉脂妆，大部分继承了前代传统但又有所不同，此时红妆一直成为面饰的主流。"红妆翠眉"在敦煌特别流行，《敦煌曲子词·南歌子》描写："翠柳眉间绿，桃花脸上红。"隋唐敦煌女性从面部化妆看有两种：

第一种面部上妆容较简朴，饰红粉妆，罗虬《比红儿诗》："一抹

图34　莫高窟第57窟

浓红傍脸斜。"岑参的《敦煌太守后庭歌》："美人红妆色正艳。"元稹
《恨妆成》："敷粉贵重重，施朱怜冉冉。"这些都是对红妆的描述。唐
时的妇女除了红妆，还涂黄妆，妆容丰富，发式高耸、挺拔，且在形
式上比较简洁，均无珠翠、发钗、梳子等首饰，如莫高窟隋代第305
窟窟顶飞天。

　　第二种唐朝妇女讲究妆容，开始流行面妆，化妆上突出红妆，妇
女梳各式高髻，千姿百态。此时的妆饰风格处处体现出人们的重视程

度。壁画中的贵妇面饰红妆，胭脂，梳花髻，穿红色大袖短衣，宽边花卉绿色长裙，披帛，着云头履。从整体上看，唐初敦煌妇女饰面，涂胭脂、点花钿及服饰装扮总体来说还是一种健康、秀丽的美，莫高窟初唐第 57 窟说法图中菩萨面涂胭脂（图 34）。唐代妇女使用胭脂是一种时尚，唐诗中有不少描写，《柳青娘》有"故着胭脂轻轻染，淡施檀色注歌唇"之句。李贺《谢贺复继四首》："燕脂拂紫绵。"这些都是有关胭脂在面额间的化妆。说明这个时期的妇女脸上，或敷有铅粉，或抹以胭脂。由此可见当时妇女崇尚妆饰的程度。

唐代胭脂成为汉族女子最受欢迎的面部化妆用品之一。当时不但宫廷妇女涂胭脂，社会上活动的妓女、劳动妇女也效仿涂胭脂，特别是那些宫廷仕女，适合当时内心的审美观，涂胭脂甚为流行，这在莫高窟壁画中有多处表现。女子涂胭脂，多涂在面部的两颊，绘成蛋形，而且面部涂敷宽，占脸大半部分。敦煌画中女性，面部涂红，紧靠眼睛以下，是唐代贵族妇女化妆特点，如莫高窟第 329 窟东壁南侧说法图下女供养人像，山西佛光寺东大殿唐代壁画中妇女面部涂红，紧靠眼睛以下。这种化妆又在新疆吐鲁番阿斯塔那 18 号墓出土的唐代《弈棋仕女图》仕女面部出

图 35 | 莫高窟第 231 窟 东壁门上 供养人 中唐

图 36 | 莫高窟第 144 窟 东壁门南 女供养人局部 段文杰临摹 中唐

现。新疆出土唐代《弈棋仕女图》中另一女子面部胭脂，涂敷宽。图中仕女面部涂红占脸大部，似乎是脸的全部，中间突出，四周稍淡。此墓出土的唐代《舞乐图》妇女也有这种涂法。这种涂法又在台北故宫博物院藏唐代《宫乐图》妇女面部显现。从妇女面妆上看，"红粉妆"是在传统的傅粉施朱发展中的演变。胭脂的出现是对施朱的补充或丰富。胭脂并非大红而是朱红、浅红、粉红，即所谓"桃花妆"，更接近于自然美，如莫高窟中唐第 231 窟东壁贵夫人与仕女，面妆（图 35）；法隆寺金堂飞天面部粉脂妆。莫高窟中唐第 144 窟东壁少女面部涂淡色红粉，身着襦裙纹样（图

36)。唐代妇女面部的妆饰，具有强烈的时代特点。另外，唐代敦煌女子有在脸上涂胡粉的，"脸上涂胡粉，以胭脂染两颊，红而不甚浓"。其中提到胡粉，因为唐代妇女有效学其他民族的化妆的现象。元稹《法曲》有："自从胡骑起烟尘，毛毳腥膻满咸洛。女为胡妇学胡妆，伎进胡音务胡乐。火凤声沈多咽绝，春莺啭罢长萧索。胡音胡骑与胡妆，五十年来竞纷泊。"说明开元、天宝以来的胡妆、胡服盛行于当时的情形。除了胡粉，敦煌统治者还曾将胭脂作为礼品送给张掖的统治者。文献及实物资料证实，古代妇女化妆，往往是胭脂妆面的现象比较多见。

敦煌唐代妇女化妆，既继承了传统的中原妆饰风格又融进了西域特点，最后产生出具有敦煌本地特点的妇女红粉妆。由于唐代的强盛和社会风尚的开放，妇女在化妆上做了许多大胆的尝试，特别是粉脂妆，一反北魏突出一点红的特点，而是在面部大面积涂红，由中间突出红向四周晕染就是其中的一个方面。同时也反映了隋唐面妆繁盛，是建立在隋唐强大国力和统治者重视这二者结合的基础上的。唯其国力强盛，才能表现出充分自信、自重、开放和容纳各种外来文化，特别是妆饰文化，统治者的重视，使大量化妆品进口，因为唐代政治上的开放和思想上的活跃深入影响到各个层面，连妇女的面妆也发生了变化，并出现了创新的式样。由于帝王、大夫的推崇，妇女更把面部化妆放到了妆饰的首位。

3. 晚期敦煌妇女红妆

五代节度使曹议金夫人回鹘公主，及同时期壁画中的女子均面部涂红，她们的红粉妆都具有时代特征，如莫高窟第409窟回鹘时代女供养人化妆浓艳（图37）（图38）。五代第108窟东壁侍女服饰，不但服饰美、首饰美，而且红妆更

图37　莫高窟第409窟　回鹘女供养人

图38 | 莫高窟第409窟
回鹘女供养人特写

图39 | 莫高窟第108窟　东壁门南
维摩诘经变局部　五代

美（图39）。五代第100窟东壁回鹘公主面部涂红，这种妆在《阆苑女仙图》中出现。

　　宋代社会文化趋于保守和内敛。尽管妇女的妆饰风俗发生了很大变化，但是涂红粉的习俗仍保持不衰。因为红粉妆更能反映女性的俊美。赏美是历代人们审美意识的反映，诗文中有不少描写，如宋苏轼《浣溪纱》词："旋抹红妆看使君。"宋朝十分重视恢复旧有的传统，这从《宋史·舆服志》中几次重大的服饰变化中可以得出结论。服饰

图40 | 莫高窟第192窟 东壁
女供养人 宋

的变化必然会影响妇女妆饰。此时敦煌女子涂红粉，有两种现象，一
种表现出化妆淡雅、简朴的特点，如唐（宋、元重修）第76窟南壁
法华经变中的妇女面妆。另一种表现出艳丽秀美的特点，莫高窟晚唐
（宋重修）第192窟东壁贵妇饰红粉妆（图40）。另外，敦煌藏经洞
出土的北宋绢画《父母恩重经变相图》中妇女面部化妆，与敦煌壁画
反映出的妇女化妆风格相同①。

---

①吉美博物馆：《西域美术II》,《父母恩重经》中之妇女,日本东京:讲谈社,1995年,第28—
30页,绢画。

图41　莫高窟第61窟

　　从整体来看，五代、宋妇女妆饰从艳丽走向淡雅，但从敦煌壁画中反映的妇女红粉妆来看，比起唐代来并没有太大的减退，如莫高窟五代第61窟供养像回鹘公主陇西李氏等供养像（图41）。为什么会出现这种现象？这与当时统治者的提倡和颜料在敦煌流行有很大关系。五代、宋以后敦煌妇女粉脂妆比较拘谨和保守，涂红式样变化不多，色彩也不如前代那样鲜艳，给人以质朴、洁净和自然之感。

图42 | 莫高窟第409窟
杨雄翼临

这与当时经济、政治和思想文化的状况，尤其是程朱理学的影响有密切的关系。在宋代，理学逐步居于统治地位。在这种思想的支配下，人们的美学观点也相应变化。社会舆论主张妇女不能过分妆饰，追求淡雅、简朴。

西夏、元时期，突出地表现了少数民族妇女的妆饰特色，女子红粉多为大红，涂脸两颊，面部涂抹处不大，仅在眼下，鼻子两侧深，中间突出，四周稍淡。西夏少数民族不光女子涂红粉，男子也涂红粉，而且脸部两侧额头和下巴均涂，如莫高窟西夏第 409 窟西夏王礼佛图（图 42）。元代有效学其他民族的化妆，元代妇女的红妆，虽不见于文载，但实例却有发现。元代的敦煌壁画艺术，有对前代遗产的借鉴。元代丝绸之路再度复通，许多新的因素传入，妇女面妆上都一展新貌。壁画中女性粉脂妆表现了面部红妆浓艳的特点，第 320 窟元代菩萨，反映了元代的时代风尚。

　　敦煌妇女红粉妆，反映了女性的审美观。从实例中看，妇女红粉妆在敦煌形成了三个有联系的分支：一是宫廷妆，此妆的特点是涂敷处宽，面积大，中间色重，四周稍淡。这种妆饰多反映在供养人和贵妇面部，如画中女供养人。二是伎妆，此妆特点是涂敷处稍小，比较圆润，接近眼部的位置突出红，接近嘴处稍浅。这种粉脂妆多反映在伎乐、飞天面部。三是民间妆，此妆的特点是涂面不规则，一般比较粗糙，红色涂得不均。这种粉脂妆多反映在劳动妇女面部。三种妆饰，在敦煌壁画中反映多的是宫廷妆和伎妆，这两种妆相互影响，其后的发展各有盛衰。

　　综观古代妇女与敦煌妇女粉脂妆，由米粉到铅粉、红粉，万变不离其宗，各代风情里始终贯穿着大红、粉红、淡红等基本色彩。妆饰从面粉、铅粉发展到雅素的红粉，是妇女妆饰史上的进步。在此，我们又可以发现，古代和现代美的观念根本区别在于个性的表现程度。在敦煌妇女粉脂妆史上，我们看到的始终是这样或那样的面部化妆，每种化妆术后面，几乎都代表着一类型的妇女。

显贵额黄

敦煌古代妇女额黄妆

五

当窗理云鬓，

对镜帖花黄。

——《木兰辞》

　　妇女妆饰历史悠久，形式复杂。古代女性在妆饰上，节庆有浓妆，日常有简妆。出生、成年、婚礼、丧礼等四大礼仪，各有不同的化妆。不同等级的人的妆饰也有区分，公主、贵妇浓妆艳抹、桃花满面，服装艳丽，百姓妇女多化简妆，衣着简朴。贵贱的区分，年龄和性别的区别，在妆饰上都有所表现，甚至正室、侧室在服饰上也有不同。敦煌壁画中的女供养人流行华丽的服装和丰富的妆容，其中"花钿""花冠"，即作为区分贵贱的标志。自周代以来，我国各民族妇女各种身份的人在不同的年龄，不同的场所服饰都繁复多样。为此，妇女化妆是和政治经济发展、社会变革密切相关的。敦煌妇女化妆丰富多彩，在面饰中有描眉、描唇、涂粉等，额黄妆是其中之一例。

（一）黄妆的称谓及使用方法

黄妆是我国妇女的一种古老美容妆饰，额黄妆和黄粉妆统称黄妆。额黄，又称"鹅黄""花黄""宫黄""蕊黄""月黄""约黄"等。指妇女在额发际，面部涂黄色粉或以黄粉在眉心作圆形、月形而得名。

关于黄妆的各种称谓，历代诗中多有描述，如"鹅黄"，宋李处全《从江城子》："浑学汉宫妆……泼醅新取鹅黄。"指形色似鹅蛋黄。"鸦黄"，郑史《赠妓行云诗》："最爱铅华薄薄妆，更兼衣著又鸦黄。"指形色似鸦蛋黄。"蕊黄"，《词品》温飞卿词："粉心黄蕊花靥，黛眉山两点。"张泌《浣溪沙》诗："小市东门欲雪天，众中依约见神仙，蕊黄香画贴金蝉。"指其色似黄色花蕊。"细黄"，北周庾信《舞媚娘》："眉心浓黛直点，额上轻黄细安。"指将黄色涂抹在额上细腻而均匀。"约黄"，梁简文帝《美女篇》："约黄能效月，裁金巧作星。"指在化妆上稍涂黄色。"微黄"，《玉台新咏》卷五梁江洪诗："薄鬓约微黄。"指略带黄色，较淡的一种。"花黄"，北朝《木兰辞》："当窗理云鬓，对镜帖花黄。"指所涂黄色为花叶磨碎后所呈现的黄色。另一指，由于大多被剪制成各种花样，如星、月、花、鸟等形，故而又称"花黄"。陈后主《采莲曲》："随宜巧注口，薄落点花黄。""宫黄"，元张可久《折桂令·梅友元帅度间》:"额点宫黄，眉横晚翠，脸晕春红。""宫黄"
在此是一种喻意，代表宫廷妇女涂黄。李商隐《蝶》:"寿阳宫主嫁时妆，
八字宫眉捧额黄。"五代牛峤《女冠子》:"额黄侵腻发，臂钏透红纱。"
均指此。黄色化妆，不光涂额还有画眉妆，张泌诗:"依约残眉理旧
黄。"① 指这种妆饰。诗文中指额间涂、画不同形式的黄色，都是对额
黄的描述，额黄的形状以圆形和月形多见。

古代妇女在面部饰黄妆的方法主要有五种:

一、染画，指用笔或其他工具蘸以黄色的颜料涂染在额中和额两
侧，一般在额上侧描涂的比较多。不过同为涂染，涂抹的方法不一，
产生的效果亦不相同，有的涂成圆形状在额中或眉心，有的涂成月形
在一侧额上，还有的用平涂法，整个面部全用黄色涂满。唐裴虔余《咏
篙水溅妓衣》诗描述:"满额鹅黄金缕衣。"也有用半涂法，即不将全
额涂面，仅涂一半。刘几《梅花曲》:"汉宫中侍女，娇额半涂黄。"
吴融《赋得欲晓看妆面》有:"眉边全失翠，额畔半留黄。"这种"半
额留黄"的方法，是先将染料涂于额头的局部，或在上部或在下部，
将颜料调成黄色似清水状，然后在面部涂染，呈晕染之状。《北齐校

---

① 李永祜主编:《奁史选注——中国古代妇女生活大观》，中国人民大学出版社，1994年。

书局》中的妇女，在眉骨上部都涂有淡黄色的粉质，由上而下，至发际处逐渐消失，是这种妆饰的遗形。除上述方法外，还有用黄色颜料在额上印画出花样的，温庭筠《照影曲》诗："黄印额山轻为尘。"《簪花仕女图》中的宫女，额上有圆形黄妆，从圆形的边缘清晰程度来看，为印画而成。

二、粘贴，指将剪好的各种样式的黄色，粘贴在额头。与染法相比，粘贴法简便，这种额黄，实际上是一种以黄色材料制成的薄片状饰物，用时要以胶水粘贴。另有一说，这种大多又被剪制成各种花样，故而也称"花黄"。从某种意义上说，它已脱离了额黄的范围，而更多地接近于花钿的形制①。现日本藏一幅胡服美人图，为唐代作品，此系残存绢画，由日本大谷光瑞的"大谷探险队"在阿斯塔那墓发掘屏风残片，根据同期出土记载，应作于704年左右。此残片上的妇女为舞伎女，舞伎面颊丰腴，额描花钿，涂黄②。这两身女子的黄妆，似粘贴而成。

三、在不同的圆形外，描一层黄色，较多的是在圆形四周，如花

①高春明：《中国服饰名物考》，上海文化出版社，2001年。

②[美]爱德华·谢弗著，吴玉贵译：《唐代的外来文明》，陕西师范大学出版社，2005年。

钿四周涂黄。这种涂法在新疆阿斯塔那出土仕女图中出现[①]，一位妇女额中的圆点由三层花瓣组成，其色不同，即里层是蓝色做花蕊，第二层亦为绿色，做花瓣，第三层也就是外层作黄色，这种涂法，作为妆饰，自然大方，增强了妆饰效果。

四、在额旁描月形黄妆。新疆阿斯塔那唐墓中出土《舞乐图》图中一妇女，在额头旁饰染这种妆饰，此妇女后随的侍女，面部右侧涂黄星月，代表了初唐末期至盛唐初期仕女妆饰的最高水平[②]，《舞乐图》中的这位妇女，神态端庄，雍容华贵，体态婀娜，服饰艳丽，穿花团窠锦袖翻领胡服，更有一种异域风情跃然画面的效果。这一形象反映了当时社会对女性形象的审美标准及妆饰的流行时尚。

五、面靥妆上涂黄，这种化妆的方法在新疆阿斯塔那墓中也有出现，有妇女，在面部化妆上除了红粉，眉妆，尚有面靥妆上涂黄[③]。《酉阳杂俎》载："近代妆尚靥，如射月、月黄、星靥。靥钿之名，盖自吴孙和郑夫人也。"[④] 庾信《镜赋》有："靥上星稀，黄中月落。"李贺《同

---

① [英]斯坦因：《亚洲腹地考古图记》第三卷，广西师范大学出版社，2004年。
② [英]斯坦因：《亚洲腹地考古图记》第三卷，广西师范大学出版社，2004年。
③ [英]斯坦因：《亚洲腹地考古图记》第三卷，广西师范大学出版社，2004年。
④ 段成式《：酉阳杂俎》，《丛书集成初编》，中华书局，1983年。

沈驸马赋得御沟水》："宫人正靥黄。"为此种妆饰。

（二）额黄的起源

关于额黄的起源有几种说法：一说可能在先秦时期；二说是南北朝以来，汉族女子对少数民族面部妆饰文化的吸取，与佛教有关，为"佛妆"；三说黄妆与古时绘面（图腾）有关；四说涂黄之意与吉祥有关。不管哪一种说法，黄色妆饰，作为女性化妆一时流行，是不可否认的。这种"额黄"妆的产生，究竟在何时，到目前为止，还没有一致的看法。郭沫若先生根据战国时期死者面部覆盖着缀有玉、石片、绢帛面幕的现象，认为额黄妆的起源，可能在先秦时期。"战国时代有于人面上饰以玉片或石片的风习，其布局也恰似一个'黄'字。……在洛阳中州路发掘的东周墓 260 座，脸上贴有玉片或石片者即有 34 例，可见其风尚之普遍。"又称：这种风习，至"六朝时还留存在生人脸上，但不是贴玉片或石片，而是贴纸片"。这仅仅是一种推断。"生人脸上"的额黄，与死者面部的装饰是不是一回事，目前还难于确定①。

①周汛、高春明：《中国古代服饰大观》，重庆出版社，1994年。

　　据考黄妆是南北朝以来，汉族妇女对少数民族面部文化的吸取。这种风俗的产生，与佛教的流行有一定的关系。宋叶隆礼《契丹国志》卷二十五引张舜民《使北记》："北妇以黄物涂面如金，谓之佛妆。"朱彧《萍洲可谈》卷："先公言使北时，见北使耶律家车马来迓，毡车中有妇人，面涂深黄，谓之佛妆，红眉黑吻。"庄绰《鸡肋编》卷上："其良家仕族女子，……冬月以栝蒌涂面，谓之佛妆。但加傅而不洗，至春暖方涤去，久不为风日所侵，故洁白如玉也。"严绳孙《西神脞说》载："辽时妇人有颜色者，目为细娘，面涂黄，谓之佛装。""南人见怪疑为瘴，墨吏矜夸是佛妆。"从实物看，内蒙古哲里木盟库伦旗一号墓出土女尸的脸部即作有此妆。其中墓葬年代在辽大康六年（1080年），与文中记载相符。虽辽宋时期的佛教与南北朝的额黄不能相提并论，但两者之间存在着一定渊源关系，都显而易见[①]。后世宋吴曾《能改斋漫录·事始》称："张芸叟《使辽录》云：'胡妇以黄物涂面如金，谓之佛妆'……予按：后周宣帝传位太子，自称天元皇帝，禁天下妇人不得施粉黛；自非宫人，皆黄眉墨妆。以是知房妆尚黄久矣。"看起来这种美容方法起源于胡妇，在汉人中传播算是妆饰文化的引进。

------

①周汛、高春明：《中国古代服饰大观》，重庆出版社，1994年。

魏晋南北朝时期，佛教在中国进入鼎盛时期，全国各地大兴寺院，大江南北，广开石窟，仅佛寺就建造了 3 万余所，形成了崇佛热潮。随着佛教思想的渗入，西域各地的文化、民俗风情等都渐渐地输入到中原，对中原人民生活也带来了较大的影响，妇女从中受到启发。从另一方面看，当时妇女的社会地位往往是以容颜而取决的，为了解脱世俗中的灾难而求助于佛，为了表示对佛的信仰，将黄色带入妇女化妆中。另，黄色在佛教中是吉祥色，一直为佛教所重视，如佛寺中多有黄色点妆。妇女额部饰也与此有关系，一些妇女从涂金的佛像上受到启发，特将自己的额头上染上黄色，名"佛妆"，久而久之，便形成涂染黄额的风习。这种妆饰在敦煌壁画中有实例，现存莫高窟唐代第 96 窟大佛身上都贴有黄色金粉。敦煌绢画《倾听说法图》部分，是 8 世纪作品，纸本绢画，佛像全身涂黄，足、面、身、手均有涂黄[①]。一直到辽宋时期，北方地区的妇女仍有用额黄妆的。辽代契丹妇女则流行用黄粉涂面。以栝蒌等黄色粉涂染于颊，尽量能保持较长的时间不洗，这种涂法，既具有护肤作用，又可作为妆饰，多施于冬季，因观之如金佛之故闻名。有的还把眉毛画成红色，嘴唇染成黑色，称

①吉美博物馆：《西域美术II》，日本东京：讲谈社，1995年。

为"佛妆"。《酉阳杂俎》所载有黄星靥。"辽时燕俗，妇人有颜色者目为细娘，面涂黄，谓之佛妆。"宋彭汝砺《燕姬》："有女夭夭称细娘，真珠络臂面涂黄。"在个别地区也曾流行过赭色（赤褐色）等特殊的化妆颜色。唐朝与吐蕃之间的往来密切，吐蕃妇女的"赭面"风俗遂传入中原地区，成为当时一种极为时髦的化妆法，妇女们把脸涂成赭色，嘴唇涂成黑色，双眉画成下垂的八字，好像一副哭相。这些都是妇女妆饰风格的表现。

（三）额黄使用的材料

关于妇女涂额黄所使用的材料：

一种可能来自松树中的花粉。当时妇女饰黄妆也采用了松树的花粉，因为花粉细腻，可使面部涂黄匀称。妇女面部涂黄所使用的材料，史书中也有所及。宋人孟琪《蒙鞑备览》记载："妇女以黄粉涂额，亦汉旧装，传袭迄今不改也。"这种"黄粉"，在考古发掘中有实物出土，如"1957 年，考古工作者从陕西西安郭家滩的一座唐代女性墓中，清理出一个铜盒，盒内装有淡黄色的粉末。与铜盒放一起的还有铜镜、铜镊及金钗等物，是妇女的妆饰用品"[1]。额部涂黄的风气传到边地，所用的材料当又不同。有学者认为，"黄粉来自松树中的花粉"，但究竟是不是花粉尚未定论。额黄究竟是何物？据唐王涯《宫词》："内里松香满殿闻，四行阶下暖氤氲。春深欲取黄金粉，绕树宫娥着绛裙。"他们采集松树的花粉是否有可能系供涂额之用，也是个疑点[2]。

　　二、用黄粉涂面，除上述提到松树中的花粉之外，其中还有一种涂染材料，就是壁画中所使用的颜料。涂花粉是针对历代妇女而言的，但壁画中的妇女涂黄，所用的是颜料。敦煌妇女涂黄色，可能用了雌黄。《辞海》曰："雌黄，是矿物，成分是三硫化二砷，晶体多呈柱状，供制颜料或做退色剂用。"雌黄就是黄色的砷硫化物。在古代由于人们发现它与"雄黄"有关，所以将它称作"雌黄"。雌黄称"金精"，是因为他们认为雌黄与矿物学上的黄金有关。至少早在公元5世纪时，这种颜料就已经从扶南和林邑输入到中国[3]。所以它又被称为"昆仑

①周汛、高春明：《中国古代服饰大观》，重庆出版社，1994年。

②孙机：《中国古舆服论丛》，文物出版社，1993年。

③[美]爱德华·谢弗著，吴玉贵译：《唐代的外来文明》，陕西师范大学出版社，2005年。

黄"。李时珍《本草纲目》载："雌黄生武都山谷，与雄黄同山，生其阴。山有金，金精则生雌黄。又引'弘景'今雌黄出武都仇池者，谓之武都伊池黄，色小赤。扶南、林邑者，谓昆仑黄，色如金，而似云母甲错，画家所重。"[1] 因此，敦煌藏经洞出土的黄色绢画，我们就不难理解了。《太平寰宇记》记载："沙州：雌黄洲，其土出雌黄、丹砂极妙，因产物以为名也。"由此可知，当时敦煌产雌黄。在唐代，商弥附近的地区以盛产雌黄、葡萄著称[2]。唐朝妇女中最普遍流行的时尚是使用"额黄"[3]。当时涂抹额头最常用的颜料似乎是一种类似天然一氧化铅的铅黄，但是很可能有时也使用金黄色的砷——虽然砷与铅颜料一样，保留时间过长对皮肤有害，但这种黄色对出身高贵的妇女面部化妆是完全合适的，因为她们可以随时换妆。

三、妇女面部涂黄，我们还可以根据古时宫廷里的织工使用的颜料来作参考，当时官方确定的五种颜料，即青、绛、黄、皂、紫[4]。唐朝政府提供给宫女织工使用的是一些植物染料，即草本靛蓝茜草染

---

①李永祜主编：《衮史选注——中国古代妇女生活大观》，中国人民大学出版社，1994年。

②宋欧阳修、宋祁撰：《新唐书·列传》146卷下，中华书局，1975年。

③原田淑人：《唐代の服饰》，东京：株式会社平凡社，1956年。

④《唐六典》卷22，第21页。

料、栀子（栀子果实可做黄色染料）、栎子和紫草等，有些颜料是代用品，例如檗木、黄栌和小檗，都可以作为黄色颜料来使用，也就是说它们都是栀子的代用品。当时矿物质颜料主要供画师，妇女也用来化妆。就矿物颜料而言，作红色料的朱砂（有时用铅丹或红铅），赭石。以此说明，雌黄和黄栌都是古代妇女化妆所使用的美容颜料。

关于敦煌壁画中所使用的黄色颜料，早在 1951 年夏鼐先生在介绍千佛洞壁画所用的颜料时就提到："敦煌千佛洞壁画所用的颜料，据哈佛大学福格博物馆盖特斯（R.J.Gettens）的研究，共有十一种原料：其中有烟炱，高岭土，赭石，石青，石绿，朱砂，铅粉，铅丹，靛青，栀黄，红花（胭脂），这几种，有的制法较简单，有的要经过比较复杂的制造过程。这表示当时我国人民已能利用优良的技术制造颜料。并且这十一种原料，大多不是敦煌的土产。"

相关专家在青海瞿坛寺壁画中发现黄色颜料为石黄。根据瞿坛寺颜料看，敦煌壁画中也可能使用了石黄。再根据敦煌壁画美术临摹专家的体会，敦煌壁画使用的黄色颜料，涉及雄黄、雌黄及植物颜料藤黄等。敦煌壁画所使用的黄色颜料比其他颜料相对要少，所以我们要想分析出妇女在壁画中涂黄的颜料，就必须借鉴敦煌保护研究、美术临摹这方面的专家分析出的化学成分和颜料，来进行参考才能得出正确的结论。

（四）敦煌妇女饰黄妆

从敦煌石窟遗留下来的壁画、绢画看，由于敦煌受中西文化交流的影响。妇女妆饰由于外来新题材的增多而大大丰富了创作的空间。敦煌早期妇女的化妆已明显变化，其典型表现是那种大面积涂粉逐渐消失，发展成了红粉、黄妆并行。

黄粉妆从南北朝开始盛行。南朝梁简文帝萧纲在《戏赠丽人》载："同安鬟里拨，异作额间黄。"[①]严绳孙《西神脞说》载："妇女匀面，古惟施朱傅粉而已，至六朝乃兼尚黄。"文中的"尚"指崇尚，这种妆饰后代沿用。《云烟过眼录》记：余家有《墨妆图》，不知所出，后见周宣帝传位太子，自称'天元皇帝'，禁天下妇人不得粉黛，自非宫人者黄眉墨妆。

隋代出现涂黄的妇女。《隋书·五行志》载："朝士不得佩绶，妇

---

①"拨"，古代妇女整理鬓发的用具，形似枣核。

人墨妆黄眉。"① 这种妆饰尽管朝廷禁止，但到了唐代仍在妇女中流行。唐诗中有大量描写，温庭筠《菩萨蛮》词："扑蕊添黄子，呵花满翠鬟。"诗中表达了诗人对妇女化妆的看法，但已经不像前代那么流行了。

　　唐代妇女得益于当时社会风尚的开放，十分重视自己的仪表修饰，妆饰方面有很多变化，出现了复杂的面饰。这种情况在唐以前是不见的。我们从敦煌壁画中可以看出各种妆饰的演变过程。敦煌唐朝壁画中的妇女饰黄妆是以涂素粉为饰的，如莫高窟盛唐第 445 窟妇女面饰就是如此。第 445 窟宫女，脸部多着素粉，不施胭脂，或作淡赭黄晕染，头上也多不作钗饰。《敦煌曲子》里有"发缩湘云淡淡妆"之句。李贺《同沈驸马赋得御沟水》中的"宫人正靥黄"就是此种妆饰。王涯《宫词》也说："一丛高髻绿云光，宫样轻轻淡淡黄。为看九天公主贵，外边争学内家装。"这些诗句，正好说明了素妆也是从宫廷里流传出来的。唐代女子黄妆，是在妇女面部上涂黄，在额旁描圆形和月形，我们从新疆出土文物上可以看出各种妆饰的演变过程。妇女饰黄妆在边陲新疆多有出现，如阿斯塔那出土，新疆博物馆藏，彩绘舞女俑饰鹅黄；新疆出土唐代绢画《弈棋仕女图》中女子鹅黄妆，其

---

　　①唐魏微等撰：《隋书·五行志》第三册，中华书局，1975年。

中的妇女面饰黄妆，胭脂、红粉，突出了女性的妆饰美。《北户录》载："余访花子事，如面光、眉翠、月黄、星靥。"此外，吐峪沟出土条幅绢画中女子饰黄妆。还有在面靥妆上涂黄，这种化妆的方法在新疆也有出现，喀喇和卓古墓壁画中妇女饰额黄。 1972 年吐鲁番阿斯塔那出土弈棋图仕女绢画（翠钿妆），有一妇女，在面部化妆上除了红粉，眉妆尚有面靥妆，在面靥妆上涂黄。"额黄"作为当时妇女化妆的主要颜色，便理所当然地受到了重视，竟成为"佛妆"，是少数民族和汉族妇女化妆的历史见证和一时的流行时尚。敦煌妇女化妆的变化主要来自两方面的因素：·是与周边民族之间的文化交流。二是在历史发展历程中，因生活条件和社会观念的改变而影响到妆饰的变化。两方面的因素相互作用，但总的趋势是因文化交流而形成的服饰变化，蕴含于因历史发展而形成的妇女妆饰变化之中。文化的交流是多方面的，相互之间的影响也是巨大的。从服饰文化现象看，一个民族越是精神上强盛，其国力越强盛，反之亦然。而精神上自信心的减退，必然伴同着国势的败落。唐代博大的文化气象，最明显不过地说明了这一点。唐代敦煌妇女妆饰艺术，是这个整体的一个组成部分，服饰艺术、面饰艺术都取得了极其伟大的成就。

五代、宋、西夏由于政府的扶持，佛教得到发展，上自首都，下至边远的西域，无不寺院林立。妇女服饰和化妆艺术的主要形式，也多出现在石窟中。敦煌藏经洞北宋时的绢画中的供养人"新妇宋氏一心供养"，面部涂黄妆，三位妇女头戴花冠，身穿宽袖长衣，柳眉、樱唇、为贵妇形象，面部红粉四周涂有淡色黄粉[1]。这种黄妆的出现突出地反映了这一时期妇女化妆的流行。西夏时期妇女涂红粉，除胭脂之外，还有一种叫"雄黄"的红色颜料，它也是敦煌本地的特产。雄黄也是敦煌的土贡之一，公元926年，沙州节度使曹议金进贡产品中就有雄黄。

（五）额黄的含义

妇女涂黄是为了把自己打扮得美丽大方。在中国古代社会里，妇女地位底下，她们往往是"以色事他人"，所以妇女把打扮看得很重。当然，这仅仅是对那些有钱人而言。妆饰成为社会角色和等级身份的标志，这是社会分工复杂化、等级身份严格化之后的产物。因社会分工不同，化妆也随之复杂化，社会分工不仅有贵族化妆，而且有劳动

---

①吉美博物馆：《西域美术II》，日本东京:讲谈社，1995年。

妇女化妆。随着家族制度、社会制度的变化和社会等级的变化，身份的尊卑、地位的高低，都在服饰上有所显示。"金与银"成了等级的标志，"丝绸"与"葛麻"成了贫富的标志。黄色衣服是皇家的标志，短衣麻褐是苦力的标志。因而，涂黄金粉则是贵妇的标志。

妇女把中国人所崇尚的黄色作为妆饰，从某种意义上说也是一种崇尚黄色的象征。黄色是中华民族所崇尚的吉祥色，它的流传与民族的历史有一定的关系。妇女把黄色作为面妆，反映出了妇女形象的特征。黄色，不但妇女喜欢用它涂面，而且世人用它做衣裳。在我国封建社会里黄色被视为正色，黄、青、白、赤、黑五种颜色中，黄色最尊。中华民族有崇尚黄色的传统。如黄面、黄花、黄发，因为加了一个"黄"字，便成了美称。因此，在历朝史料中，常可看到黄色被视为妆点尊贵的象征。古时黄色做衣，只有天子才能穿。黄龙，只有帝王的服饰上才能出现的。宋人王楙《野客丛书》载，至少从隋朝开始，黄袍就成了只有帝王才能穿的服饰。《旧唐书·舆服志》载："武德初，因隋旧制，天子燕服，亦名常服，唯以黄袍及衫，后渐用赤黄，遂禁士庶不得以赤黄为衣服杂饰。"[1] 可见黄色服饰的等级区别。

---

①后晋刘昫等撰：《旧唐书·舆服志》第六册，中华书局，1975年。

黄色，与中国文化有着密切的关系。中国人崇尚黄色。刘师培在《古代以黄色为重》一文中认为，中国"古代人民悉为黄种"，因此崇奉黄色。正如《白虎通·号篇》所载："黄者，中和之色，自然之性，万世不易"。《汉书·律历志》载："黄，中之色也。"这种"中和之色"，对于具有中性性格的中华民族，自然是极其值得崇尚的了。所以，黄妆作为当时妇女化妆的颜色，便理所当然地受到了重视，以后便流行一时。此外，妆饰还包含着各种不同的审美观念。在历史上，某些重大的历史性变革，也常常会引起妆饰的相应变化。服饰中所包含的各种观念，往往交叉汇编，多向延伸。

　　总之，妆饰具有丰富的文化内涵，由此也就可以理解，为什么许多民族的妇女不惜花费重金来美容了。

眉间翠钿

敦煌古代妇女花钿妆

脸上金霞细，

眉间翠钿深。

——温庭筠《南歌子》

化妆是大众感兴趣的一种女性文化，我们从敦煌壁画和绢画实物中得到不少资料。从敦煌变文和诗歌中了解到不少描写妇女化妆的句子，无不显示出敦煌古代妇女的妆饰风尚和妆饰情趣。敦煌妇女花钿妆形式多样，反映了当时妇女追求美的时尚。

（一）花钿妆的历史

花钿又称花子，为古时女子面部加放装饰的化妆用品。花钿施于眉心，《木兰辞》中"当窗理云鬓，对镜帖花黄"，这里的"花黄"就是花钿的一种，又称为"金钿"。花钿有两种，一种用作头饰，另一种用作面饰，这里所说的是面饰。面饰的花钿，是用金银、铂、珠、翠，经过加工剪刻制成薄片的饰物，有刻成花、鸟、扇、蝶等形状的纹饰，妆饰时将它贴在额头、眉心或鬓边及脸部的两侧。粘花的材料主要用呵胶。历史上，有金箔、纸、鱼、腮骨、鱼鳞、茶油等多剪成后用鱼鳔胶或呵胶粘贴的记载。以鱼鳔制成的胶黏性很强，妇女用它粘贴花钿时，蘸少量口液，便能溶解粘贴。

关于花钿妆的起源，有多种说法。一说花子始于秦始皇时期，秦始皇曾令宫人贴五色花子，画为云龙虎飞升。东晋时，有童谣说织女死了，当时人贴草油花子为织女作孝。这里所指的"贴"是指粘贴"花子"面饰。二说产生于唐代，起自唐昭容上官婉儿，上官氏在脸上贴花来掩饰所受黥刑，后来成为社会时尚。上官昭容即唐代的上官婉儿，她是武则天在文笔上的助手。后来，被唐中宗封为昭容（排第六位的妃嫔），又成为唐中宗和韦后的助手，但她并不是党同韦后的。唐中宗被韦后毒死，李隆基（后为唐玄宗）起兵诛除韦后及其党羽，拥立了自己的父亲相王旦（是为睿宗）。李隆基拥兵入宫时，上官婉儿自以为无罪，还亲自掌灯下阶迎接，被李隆基拔剑斩于阶下。三说产生于南朝，宋武帝女寿阳公主，一日卧于含章殿檐下，梅花落在额上，拂之不去，经三日洗之乃落，宫女们于是纷纷效仿。四说相传起于三国时期，是古代有名的面饰。各种说法，表现出当时人们对妆饰的重视，应是汉代可信。

花钿妆开始只是在额中点圆点，也称"点丹"，与史书记载花钿妆的位置相同。花钿的图形当时记载为花子，后世出土也多为这种图案。所以，以为花钿妆出现在汉代是比较可信的。不过，从敦煌壁画中的供养人观察，自初唐以来，妇女在额上作梅花妆的很多，其形状不拘一式。寿阳公主在含章殿，梅花飘着其额，因模仿之，以为妆样，也见于多处记载。根据徐昌图"汉宫花面学梅妆"的记载，"花面"可能是这类花妆的总称，而梅花妆是其中之一。从目前资料记载来看，历代妇女喜尚"梅花妆"。"梅花妆"是以梅花的样式贴，绘在妇女面部的花钿，称其为"梅花妆"，又称作"寿阳落梅妆"。五代牛峤《红蔷薇》"若缀寿阳公主额，六宫争肯学梅妆"咏的就是这种妆饰。古代妇女贴花钿之风虽在汉朝就有了，但最为盛行还是唐、五代、宋，晚唐达到流行的高峰。唐代花钿花样繁多，有花形、鸟形、蝶形等，颜色有多种，其中红、黄、绿为多。花钿的颜色，一般由其本身的材料所决定，也有根据图案内容染上的各种颜色。"翠钿"，是妇女最常用的一种，它是以各种翠鸟羽毛制成的，整个饰物呈翠绿色。

（二）敦煌妇女花钿妆

敦煌妇女绘花钿妆的范围是有限的，它只限于面部。面部上不能满面全是，而是有一定的部位，具体在脸的上部位置，眼睛的两侧和眉心处涂绘。有的是对称式的不同花形，多为两花相对，有的两花距离近，有的两花距离远。

　　早期妇女面部涂花子相距较近，也比较单一，但到了后来特别是五代、宋时妇女面部绘的花子与花子之间有了一定的距离，显得规范和表现出女性的俊美。并非所有的妇女都在面部绘花钿，敦煌壁画中多见于世俗妇女面部，如供养人、仕女和劳动妇女，这是当时现实社会的写照，因此在表现她们的化妆上往往与现实相结合。敦煌特异的花钿妆，为妇女服饰的一部分。它的图案除了用花卉表现，有用鸟形反映，还有用变形的图案形式来表示的。花钿妆饰，历代名目繁多，形式也多有不同，史书记载以梅花较多。从现存形形色色的敦煌妇女面部妆饰看，大概有如下几种花钿形式：

　　第一种是鸟形，它的形状像鸟，与现实中鸟一样，而且画得精细很有装饰性，一般绘于妇女脸部两侧或眼睛的两侧。敦煌藏经洞出土绢画中侍女多种化妆，其中有鸟形花钿妆，如敦煌绢画《父母恩重经变相图》供养女饰鸟形花钿妆。还有妇女在面部饰月形的红粉妆，内绘一对鸟形的花钿，两鸟对称在鼻两侧，眉中饰四瓣叶组成的花朵，

图 43　莫高窟第 61 窟

眼睛左侧上绘似花朵的面钿妆。花钿的图案在面部重要部位，以严格一定的方式聚合构成，鸟形的花钿和一束束小花，纵横以圆形状排列，构成了显著清晰的图案，同时把它与所露的红粉妆，甚至在面部的两侧各部分的轮廓连在一起。鸟形、花纹，说明有形体自然形态的作用，同时本身也十分逼真，莫高窟五代第 61 窟回鹘公主陇西李氏供养像，饰鸟形图案的花钿妆。妇女面相丰满，红唇，穿着华丽，首饰高髻，髻上插梳、簪钗，妆饰丰富（图 43）。宋初敦煌统治者曹氏家族的女

图 44　莫高窟第 61 窟

眷当中，有曹议金甘州回鹘夫人、儿女、元忠的两位姐姐及原配夫人，回鹘公主陇西李氏等供养人右侧脸及眼睛上面均贴有花钿。

第二种是月形，形状像弯弯的明月，一般绘于妇女脸部上下接近于耳部的位置。花钿妆，后来演变为多种形式，在敦煌壁画中月形花钿占有一定比例。月形图案目前存在于曹氏女眷当中，莫高窟五代第61窟回鹘公主陇西李氏，画中的女供养人，高髻上插四个金钗，面部满面花子（图44）。敦煌莫高窟画中存于阗公主与眷属供养人像，她们面部贴鸟形、月形花钿。花钿在脸上贴有五个、八个的，于阗公主面部贴四瓣叶组成的花子，在面部有八束。于阗公主面部与眷属供养人面部整体和细部都十分明确，进一步显示了自信完美的技巧，很高的化妆艺术水平达到了五代的高峰，它的成功主要是通过面部花钿鸟形及多种妆饰而取得的。最引人注目的是，在月牙形的红妆内，绘似月形的花钿妆。而且月形红粉妆的两角饰绿色圆点作妆饰，温庭筠《南歌子》"脸上金霞细，眉间翠钿深"咏的就是这种妆饰。这种妆饰在供养人的面部均有出现，莫高窟晚唐第 138 窟女供养人，花兽织锦衣，两位供养人头插钗，额上饰月形花钿妆，月形花钿妆中有绿色点缀，鼻两侧及脸部均有对称的花子。

第三种是花形，它的形状是花束，其中有三瓣花、五瓣花和多瓣组成，一般绘于眼下、眼两侧和眉心处。这种花钿妆的颜色多为红、绿两种。花钿妆是当时的流行时尚。晚唐妇女饰花钿妆插五瓣叶组成的花了，额中涂四瓣花钿，花钿用蕊作心。敦煌莫高窟晚唐第 9 窟女供养人，一女为贵妇形象，身后妇女眉有四瓣、五瓣花不等的花钿妆饰。此窟多身供养女饰花钿（图45），同窟三位妇女均穿大袖裙襦，轻纱帔帛，服饰艳丽，曲臂合十或手持供养。三位供养女额中均饰花钿妆。她们身后的供养侍女也有额中涂花钿的，或束高髻，或束双了髻，神态各异，或注视前面的女主人，或回身讲说，整幅画面充满生活气息。

第四种抽象变形图案。这种花钿妆在面部额中和眼两侧绘不同图

2-1

图45 ｜ 壁画　莫高窟第9窟
　　　　东壁南侧　女供养人与奴婢　晚唐

案，以抽象的形式表示，有的似牛角，有的似扇面，有的似桃状。莫高窟初唐第 220 窟维摩变中的天女，身穿大袖襦，领袖边缘还配以织锦，白练裙，束腰，额间贴满妆饰，有面靥、红唇、粉脂的化妆，花钿饰眉中，花形图案似人面状，一个长圆形的图案，似两圆组合，图案中绘似人的口鼻、眉状。这种花钿妆特点突出，仅见此一例。同时代天女也有饰四瓣叶组成花子。

　　敦煌妇女化妆的特征和审美趣味，反映了敦煌历史时期特别是唐至五代繁荣的社会面貌，突出了服饰审美的装饰性和多样性，并显示了化妆审美的流行现象，折射了特定时代社会心理，形成了具有时代特点的妆饰风格——敦煌妇女的审美时尚。

（三）敦煌花钿妆的繁荣与历史发展的关系

早期西域地区的少数民族，在服饰、化妆上面都有鲜明的特点，对周边地区的妆饰发展也产生了重要影响。正是在这种文化背景下，西域的妇女妆饰，首先传到敦煌及河西地区。北朝时期，北方少数民族政权纷纷在敦煌建窟，敦煌莫高窟每一洞窟几乎都有妇女形象。敦煌早期的妇女妆饰虽然有了进步，但还不能说是完整的民族形式的妆饰。由于混合印度、希腊而成的犍陀罗艺术以及中印度艺术，传入中国后，对中国的古典艺术起了一定的改革作用。北凉以后，经过北魏、西魏、北周的长时间融合，壁画中的妇女妆饰，到了隋唐才具有本土特色。

隋代莫高窟中出现不少在画面结构上类似云冈、龙门维摩诘经变的早期表现形式，而在新疆境内的魏晋石窟中从未见到维摩诘题材的描绘，因此，可以肯定敦煌壁画中的维摩诘经变，从开始出现就带有中原绘画的浓厚色彩①，此画中女性面部花钿妆也与中原有关。敦煌绢画《父母恩重经变相图》画中的女供养人饰花钿，就表现了这种特点。

从贞观之治到开元盛世，是唐王朝的上升时期。唐朝统治者由于采取了一些社会改革措施，暂时地缓和了阶级矛盾，促进了生产的发展，带动了经济和文化的繁荣。同时，它也加强了同四邻各族各国，特别是西域各族各国在政治、经济和文化上的交流关系，在风俗服饰和化妆上，吸取了西域各族衣冠服饰和妆饰的特点，创造了许多新妆，特别是妇女的花钿妆。

唐代初年，我国西北各族与内地的往来，中亚、西亚各国与唐朝在经济文化上的交流，日益频繁。在敦煌壁画中留下了许多不同民族的妇女形象，其中有一些是属于我国西北各民族的。这时期，化妆的妇女大多为腴体女性形象，其艺术造型要比菩萨更充分而完美地展示出女性化妆的魅力，尤其初唐壁画中的供养人，脸上的花钿，为五瓣花，窟中妇女，玲珑剔透地展现出化妆的青年女子秀外慧中，相得益彰。这些化妆的妇女形象，最有特色的是贵妇的化妆，反映了初唐妇

---

①马化龙：《莫高窟220窟〈维摩诘经变〉与长安画风初探》，《敦煌吐鲁番学研究论集》，书目文献出版社，1996年。

女妆饰艺术的艳丽奇葩。其后的盛唐、中唐将妇女化妆之风推向中国古典艺术的高峰，此时敦煌莫高窟洞窟壁画中的美丽女子比比皆是。画师的作品，可与史载名家的仕女图相比。如唐之阎立本《步辇图卷》的仕女，皆为妆饰出的女子艺术造型。妇女面部涂红粉、饰花钿，露耳垂珠，典雅别致，显示着女子的纯朴雅洁的精神品格，具有强烈的时代特点。

　　唐朝的妇女化妆和形象造型的审美情趣就是女性的化妆美和人体的丰腴美。盛唐的妇女，在化妆上讲究多样性，如敦煌绢画引路菩萨立像中的仕女眉间饰花钿、红妆、眉妆等。花钿妆除了涂圆点，略为复杂的则制成各种形状的花卉，有的描成四瓣或五瓣组成的梅花状，也有作多瓣叶组成的花形图案，现藏故宫博物院的女俑面部，点四个圆点代表花瓣。唐朝花钿妆除了眉中点圆和绘花子，还有不同图案，有疏密相间，大小不同，多种抽象图案贴在额上的。杨恭仁墓壁画女子，穿红色紧袖衣，朱色长裙，系白练带，眉头饰花钿，花钿图案似牛角，在两侧似花的图形中有一不规则的长横于中间，上下为不规范的似花子的妆饰，但并不是花卉。这种抽象的图案在其他出土文物中也存在。新疆博物馆藏弈棋图仕女绢画（花钿妆）-

美人花鸟绢画，1972 年吐鲁番阿斯塔那 187 号墓出土。又吐鲁番出土泥俑，饰花钿妆。

　　1973 年新疆吐鲁番阿斯塔那张雄夫妇墓出土，新疆维吾尔自治区博物馆藏，唐仕女俑，饰花钿妆。公元 9 世纪末至 10 世纪中叶，出自吐鲁番壁画中的贵妇，体态丰腴，服饰衣着华丽，双手托盘供奉三枚宝珠。其面型与中原汉族妇女相同，但服装、妆饰又有高昌回鹘人的特征。画中侍女正合掌礼拜。这位贵妇面部绘有鸟形花钿，身后仕女眼睛和脸部两侧均绘有五个点组成花卉的花钿妆。莫高窟盛唐第130 窟东壁壁画中的都督夫人女儿，面妆丰富而有特色，脸部绘多种妆饰，有花钿、柳眉、面靥和红粉。额上作五朵梅花，脸上亦出现了"绿的"妆饰，这种面饰，在中、晚唐以后，已成为相当普遍的风俗。都督夫人女儿，打扮入时，全然现实生活中王室豪门的贵妇模样，颇具贵族命妇的风度，满面花钿，心宽体胖，衣着奢华，深衣蔽体，雍容华贵，神思深沉，庄严冷艳。又见第 130 窟都督夫人太原王氏供养像，此窟都督夫人礼佛图，展现出的女子，通过化妆表现体形的凝重美及精神气质的庄重练达的含蓄美。从外形上看，这位妇女显得丰肥而华贵，面部化妆丰富而美丽（图 46）。说明在中国绘画中，人的比例并不重要，重要的是看人体是否与整个服饰画面成比例，为了使整体画面获得和谐的效果，人的外形可以离形、变形，即中国美学常讲的"离形得似"的原则。敦煌壁画中通过妆饰的许多世俗女子的形象，特别是女供养人画像，时代性、民族性十分鲜明。这些艺术形象的审美追求不外乎是时尚的内容，具体作品中女性形象之美，必然受制于主体民族的文化气氛和画家的主观审美意识。

敦煌壁画反映的妇女妆饰文化，随着政治形势的变化而出现了新的服饰和化妆，主

图46 敦煌窟第130窟都督夫人礼佛图
段文杰临摹品

要是吐蕃装。安史之乱以后，吐蕃乘机进入河西，甘州、凉州、肃州、瓜州相继被占。中唐以来，吐蕃势力曾一度扩张到于阗，"于阗瑞像"在吐蕃占领敦煌以后，屡有出现。妇女化妆的画面，同样多见于吐蕃时期的洞窟，中唐妇女高髻、红唇、四瓣花子绘眉心。画中妇女眉中饰四瓣叶组成的花钿妆。此时妇女不但额上饰花钿，而且男子也饰花子，甚至帝王与侍臣额中也饰花钿妆，如莫高窟吐蕃时代第158窟帝王与侍臣，画中二男子额中饰四瓣叶组成的花钿妆，莫高窟中唐第159窟女供养人饰花钿。

　　晚唐时，唐王朝正处于封建割据加剧、民族纷争激烈的时候。张氏使沙州回归中原的最初阶段，在服饰方面贵族妇女面部妆饰越来越丰富。服装上，襦袖越来越宽大。衣裙帔帛日益豪华艳丽，发髻面饰也更为复杂，满头插花钗，项饰瑟瑟珠，眉间作出花钿妆，涂红粉，画蛾眉。晚唐妇女花钿妆由六瓣叶组成。这时劳动妇女也化妆，面部绘红粉妆，服饰上也穿衫裙帔帛，但面料是粗糙的麻葛，面部化妆简单，可见这是唐代奴婢的时妆。壁画中有穷苦的乞讨者，头无花钗，面无妆容，衣无纹饰，破衫敝裙，与《唐代民歌考释及变文考论》中"妻子无裙复，夫体无裤裈"的描写相符，与贵族妇女化浓妆浓艳形成鲜明的对比。花钿妆已经在敦煌独立地成为一种妇女的时尚，有构图的妆饰效果。

从五代到北宋初叶，各族政权和各族人民虽未形成统一的联盟，但环绕在归义军政权周围，出现过联姻、贸易、文化技术与宗教交流频繁，相互依存的局面。瓜沙曹氏在西部保持着这个微型的汉人政权，长期和周围少数民族和睦共处，保存着服饰文化。这时期妇女化妆主要反映在供养人画像上。莫高窟中的供养人，女性画像有皇后、公主、夫人、闺秀、侍女、儿童。包括一千年间各民族、各阶层、各种妇女的画像，是一部肖像画史，也是一部形象的历史。因此，壁画中的女供养人占相当的比例。曹氏晚期，即相当于北宋前期，在洞窟里有五代曹议金王妃回鹘公主供养像，头戴帽子、柳眉、红唇，眉间饰花钿，莫高窟五代第100窟曹议金王妃回鹘公主，同时代曹氏家族女供养人，脸上绘八瓣叶组成的花钿。花钿绘在面部眉中、眉上、眉下、眼下两侧及下巴两侧。

五代、宋时，瓜沙曹氏政权设有画院，有一批画师画工专门画壁画、绢画，在经变画衰落时期，肖像画却有大的发展。莫高窟五代第98窟东壁女性供养者像。画中是于阗国王李圣天的皇后曹氏，

图47 莫高窟第98窟 欧阳琳临　　图48 莫高窟第98窟 欧阳琳临

头戴凤冠，项饰瑟瑟珠，大袖襦裙，披画帔，双手捧香炉，均作供养状。这位于阗国王后曹氏供养像，面部突出了特有的妆饰，花钿、面靥、红唇，面部粉脂也非常艳丽，是五代女子妆饰美的代表（图47）。莫高窟五代第98窟女性供养者像与于阗王后相对的回鹘女供养人，头顶凤钗冠，项饰珠，着窄袖翻领红袍，绣花鞋，饰花钿妆，题名"敕受汧国公主是北方大回鹘国圣天可汗陇西李氏"，这是甘州回鹘可汗的女儿，曹议金的夫人。前面是曹议金与于阗联姻，这里是曹议金与东面的甘州回鹘联姻，反映了瓜沙曹氏以联姻取得和平发展的政治历史（图48）。

沙州回鹘是 9 世纪中叶入居敦煌的一支回鹘部落，五代、宋时，势力渐渐强大。沙州回鹘洞窟还有一个不容忽视的重要特点，就是供养人画像中频频出现回鹘妇女与汉族妇女混合共为一窟的现象。虽然五代、宋初的敦煌石窟，曾有过甘州回鹘和于阗公主同沙州曹氏共为窟主的现象，但在众多的汉族供养人群像中，回鹘人只不过是点缀而已，仅仅局限于上层统治者。可是沙州回鹘窟中，回鹘、汉族混合共为窟主频频出现，洞窟中的妇女既有回鹘中下层人物，又有回鹘贵夫人，这是一个饶有兴味且值得注意的现象。这时敦煌壁画，反映的妇女化妆随着政治形势的变化出现了新的妆饰，榆林窟五代第 16 窟回鹘公主，饰花钿。回鹘公主面部花钿有绿、红两色。花钿形状与西安出土唐三彩俑妇女花钿状相似。榆林窟中唐第 25 窟北壁妇女服饰讲究，面涂花钿(图 49)。宋代绘画中的仕女妆饰，一般表现有两种形象，一是供养女，二是世俗社会中的美女，在她们的化妆上多见红粉妆和眉妆，花钿妆则少见。西夏时期，尽管民族之争战此起彼伏，佛教仍为当地主要信仰，中原佛教艺术的影响在敦煌还起主导作用。因此在壁画中反映出的女供养人妆饰，多表现在眉、唇等妆饰上。

图 49 弥勒经变之老人入墓
榆林窟第 25 窟 北壁 中

元代的敦煌佛教十分衰微，只是在 14 世纪中叶一度兴盛。这时妇女化妆主要突出了红粉妆，花钿妆未出现。但在其他地区出土文物中尚有花钿妆，如山西洪洞广胜元代壁画中的宫女，额上就绘有花钿。此时敦煌妇女化妆与当时政治形式一样，走向衰微。

敦煌壁画中的女供养人妆饰，面妆花钿，淡淡长眉，淡粉红唇，整个服饰敷色方法是，先晕染物，再调配主要色调，如红青绿等，使色彩分量收到均衡的效果，然后再补充其他颜色。色彩是用以表达物象的手段之一，因此，就必须随着物象、物质的不同而变化。画家掌握这一技巧，有助于生动地刻画形象和表现艺术的感染力。

敦煌石窟，是研究敦煌妇女妆饰艺术审美的关键。审美意识必须有物质依据，这些妆饰了的妇女形象是历史的产物，而且在封建社会众多的文化现象中它仅仅是服饰文化的一部分，虽然它也包括具有独特的宗教性质，但对她们的审美也绝对不能离开产生它的社会生活。

喜作粉靥

敦煌古代妇女面靥妆

七

点圆的之荧荧，

映双辅而相望。

——繁钦《弭愁赋》

　　敦煌壁画聚集了中国古代妇女的一切化妆技术，反映了妇女史上的妆饰文化，尤其是妇女面靥妆。面靥妆是妇女面部化妆之一，也是历代妇女喜尚的一种化妆形式。

（一）面靥妆的历史

　　面靥又称"笑靥""妆靥"，俗称"花靥"。化靥妆的方法，是用各种颜料在两颊酒窝处或眉心处点搽一定形状或花纹的面饰。面靥还有用金箔、翠羽等物粘贴的。通常以颜色点染，它的具体形状，除了花纹还有圆形、鸟形、十二生肖等多种形状。这种化妆法在唐代很流行。不过唐人诗文中，有时也将眉心处点圆点儿称作"靥"的，此饰五代、宋初为盛。

　　关于面靥妆的起源，史书多有记载。旧说这种妆饰起自东吴的邓夫人，邓夫人受宠，吴主孙和曾醉舞如意，误伤邓夫人脸颊。命太医用药，太医说要用白獭髓杂玉与琥珀屑，可以灭去疤痕。用药之后，左脸颊有赤点如痣，看起来更加美艳。此后，用红色点面颊的化妆方式就流行起来。其实早在孙吴以前，就出现了妆靥的习俗。汉魏以来原有在颊上点赤点的化妆法，当时这种赤点叫"旳"。汉繁钦《弭愁赋》称"点圆旳之荧荧，映双辅而相望"。面靥妆之起源，还有一种说法，当时妇女脸上点的原来并不是为了妆饰，它是宫廷生活中的一种特殊标记，与女子"来潮"有关。当一个宫女月事来临，不能接受帝王"御幸"，而又难以启齿时，只要在脸上点上两个小点即可，后来这种做法传到民间，逐渐变成一种妆饰。

（二）敦煌妇女面靥妆

敦煌妇女面靥妆，主要流行于晚唐、五代、宋、西夏、元。敦煌由于地接西域，壁画中西域各族人民的形象较多。因此出现了不同民族的化妆法。

为了适应敦煌各族人民的风俗习惯和审美理想，妇女从形象到化妆都发生了许多变化，出现了新的特色，如面靥妆、花钿妆、红粉妆等。唐代以后妇女面相丰满，人体比例丰腴。鼻曲，眉平，眼秀，姿态大方，神情恬静。化妆开始繁杂，花钿、面靥，红粉、柳眉、点唇，妆饰风格逐渐丰富。这种风格不断发展，成为唐代以后妇女妆饰的主要格调。在此基础上，化妆从内容、形式都出现了既不全像西域式也不同于中原式的特点，这就是敦煌地域风格，比如汉式和回鹘式相结合的化妆，面部除涂鲜艳的红色外，还涂多种妆饰。到了晚唐这种风格表现在妇女化妆上的变化更为显著，面相丰满圆润、浓妆显著。这说明女性造型和妆饰已与本土传统艺术造型进一步结合。

唐朝妇女化妆不仅面颊、嘴角两旁"点丹"，显得倩丽多姿，涂红、靥妆的现象也极为丰富。敦煌壁画中的女供养人，面部满是妆饰，有面靥、粉脂、红唇、花钿等。妆靥如射月形状，还有饰小花形状的，这种小花图案是由圆点演变而来。莫高窟初唐（五代、清重修）第 329 窟窟门甬道右下，女供养人 8 身，其中一部分不清，但可看出，女供人脸部面靥、花钿、红粉的妆饰。面靥妆的类型有月形、鸟形，还有饰小花形状的，这种小花图案是由圆点演变而来。陕西西安唐墓出土唐三彩俑有施梅花贴妆靥的妇女。出土的唐俑上也有明显反映，不过花卉图案不一定施于嘴角，也有描绘在鼻子两侧的。元稹诗"醉圆双媚靥"，吴融"杏小双圆靥"之所咏者，可见古时妇女面靥妆十分兴盛。

　　盛唐以前，妇女面靥妆一般多作成两个小圆点，初唐第220窟维摩变中的天女，身穿大袖襦，领袖边缘还配以织锦，白练裙，束腰，额间贴满妆饰，圆靥、红唇、粉脂的化妆。元稹《恨妆成》诗："当面施圆靥。"脸部就是这种妆式。盛唐以后，妆靥有多种样式，有的形如钱币，被称为"钱点"；有的妆如杏核，被称为"杏靥"；还有在面部的两颊涂月形妆的妆靥，称"黄星靥"，这种形式在盛唐以后流行。自此，妆靥范围有明显的扩大趋势，形式也更加丰富。黄星指在面部的两颊处用黄粉各点涂成新月之状。《事物纪原》载："妇人妆喜作粉靥，如月形，如钱样，或以朱若胭脂点。"新疆博物馆藏，高昌发现的绢画上面有一乐舞女，身着彩锦窄袖衣，头梳回鹘髻，额上饰"黄星靥"的流行时世妆。1973年新疆吐鲁番张雄夫妇墓出土，唐彩绘长裙舞女俑，面饰花钿、面靥、粉脂。又新疆出土彩绘骑马仕女俑，面部花钿、面靥妆。敦煌唐代壁画盛唐第130窟都督夫人太原王氏供养像，原为西夏壁画所覆盖，20世纪40年代初期从宋画下剥出，女供养人画像十二身从西夏壁画中剥出，壁画像共十二人，第一身形象最大，题名为"都督夫人太原王氏一心供养"。这幅画的结构和意境创造上突破了前代整齐严肃的供养人行列，妇女位置参差错落，自由活泼，特别是在人物背景的设计上出现了庄严静穆的环境，增添了动的情趣，收到了动静结合、相得益彰的艺术效果。此画是敦煌供养人画像中规模最大的一幅，也是妇女面妆较为丰富的一幅。第二位、第三位都是都督夫人的女儿，后面九人为奴婢。第二位女子面部两颊处饰五瓣花面靥，在面部的高处眼之上"点丹"，这种化妆的多样性代表了特殊的妆饰，表现了女性的俊美。这些女供养人画像属于以"曲眉丰颊"为美的"周家样"画像，绘画时间比周昉绘画时间略早，与张萱《捣练图》、周昉《挥扇仕女图》妇女相比虽为同一风格，却气势各异。张、周皆为宫廷画家，皆皇亲贵戚仕女，女性精神面貌或放纵或抑郁，形象柔弱，都督夫人太原王氏虽也是官宦之人，画像华贵而又庄严大气，侍女群像，透过她们在佛像面前那种肃穆面貌，似乎还可以看到内心潜藏的活泼稚气。整幅画中妇女给人以妆饰华丽、健康的美感，这种差异正是由于画师社会地位及其社会生活感受的不同，使其画像具有不同气质（图50）。

大中二年（848年），张议潮顺应各族人民的意愿，率众起义，收复了河西十一州，打通了中西交通，维护了国家统一，唐王朝封张

图50 | 段文杰临摹品
       莫高窟第130窟都督夫人礼佛图

议潮为归义军节度使，统治河西。在张氏家族统治期间，衣冠服制、妇女化妆与中原无异。贵族妇女多着高髻、花钗，面部靥妆特点明显，张议潮的夫人，头饰花钗九树，浓妆面靥，合于当时封建品级制度规定。

唐以后的敦煌，由于经济、政治等方面的原因，妇女妆饰形制渐变得拘谨和保守，但也有开放的一面。这时期的敦煌妇女生活的本身，既有含蓄的一面，又有开放的一面。所谓开放的一面不仅指晚期以后的妇女服装形式活泼多样，袒露性的裙装和穿男靴之俗，而且指通过化妆表现出的多样性，尤为重要。

五代，少数民族妇女有满面点涂的浓妆习俗，妆饰特点突出，范围有所扩大，有在原来面靥妆的周围还饰以各种花卉，即使是以我们今天的眼光来看，也显得大胆开放。随着社会生活日趋丰富，此时的妇女尚美心理更为强烈，化妆式样，多有改变。从大量图像看，这个时期的面靥妆愈益繁缛，除传统的圆点花卉形外，还增加了鸟兽图形，有的甚至将这种花纹贴得满脸皆是。榆林窟五代第 16 窟回鹘公主，题名"北方大回鹘国王圣天公主陇西李氏"，她们是归义军节度使曹议金的夫人，身后三个侍婢，两身穿汉装，一身回鹘装，面部浓妆艳抹，贴花钿，鸟形面靥饰两颊。这些回鹘天公主的脸上都贴面靥、花钿，是汉族妇女的装饰风俗（图 51）（图 52），饱和浓艳的化妆则是回鹘妇女的时世妆。回鹘妇女的妆饰风气却有增无减，戴凤钗步摇冠，化妆继承了晚唐妇女的浓艳妆饰的特点。曹议金祖孙三代统治敦

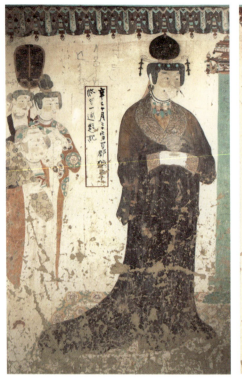

图 51 　壁画　榆林窟第 16 窟　主室甬道北壁
曹议金夫人李氏供养像及三侍女　五代

图 52 　壁画　榆林窟第 16 窟　主室甬道北壁
曹议金夫人李氏供养像局部　五代

煌达一百余年，对稳定时局，起到了积极作用，反映在妇女化妆样式
远远超过了唐代。莫高窟五代第 98 窟东壁女性供养者花满面，其中
有面靥（图 53）。莫高窟五代第 98 窟于阗国王后曹氏供养像，即曹
议金之女饰鸟形靥妆，头戴凤冠，顶戴碧玉珠，身穿紫褐色大袖裙襦、
肩披轻纱（图 54）。鸟形面靥妆是五代敦煌流行的时世妆，颜色艳丽，

图53 | 莫高窟第98窟·于阗王后曹氏
李琪琼临

图54 | 莫高窟第98窟·李琪琼临

形状明显可见。敦煌壁画中曹氏家族主妇、奴婢，"悉衣锦绣"，妆饰浓艳，面部贴靥。曹氏家族女子，发式更为复杂，高髻、垂髻；首饰凤冠、花钗冠；面饰"绣面""花颜""花额"均超过了前代。敦煌曲子中所谓"犀玉面头花满面"，正好是曹氏家族奢靡之风的写照。五代欧阳炯《女冠子》"薄妆桃脸，满面纵横花靥"即此。这种情况在

图 55　榆林窟第 19 窟 - 甬道南壁 - 女供养人　五代

图 56　莫高窟第 61 窟

陕西西安等地出土的唐俑上也有明显反映，不过花卉图案不一定施于嘴角，也有描绘在鼻子两侧的。唐以后，花钿、面靥已经成为中原等地妇女相当普遍的妆饰风俗。回鹘天公主脸上贴花钿，面靥，说明她们受到汉文化、风俗习惯的影响，体现了回鹘、汉族文化结合的特点，这正是曹氏归义军政权与甘州回鹘联姻的形象写照。此外，榆林窟五代至宋初第 19 窟甬道凉国夫人等窟妇女饰面靥妆（图 55）。值得一提的是莫高窟五代、宋第 61 窟回鹘公主陇西李氏供养像，饰面靥妆。第 61 窟回鹘女供养人戴桃形凤冠，翻领窄袖衣，项饰瑟瑟珠，均为回鹘风俗，两鬓抱面，斜插花钗，面部涂粉，面饰花钿，特别是绘于嘴角和鼻子两侧的鸟形靥妆，十分有特点，为面靥妆的代表作（图 56）。另一身于阗国王皇后曹议金长女，面饰花钿、面靥，贵族衣冠，豪华富丽。这身供养女，造像整体和细部都十分明确，进一步显示了完美的技巧，艺术水平达到了高峰，它的成功主要是通过妇女面部妆艳的精美而取得的。莫高窟第 61 窟妇女妆靥图，花钿妆、红粉妆、眉妆等，显示了敦煌妇女面部各个部位的妆饰，以点涂为特点，构成了显著、清晰的效果，同时把面靥与面部其他化妆结合在一起，说明面部自然形态的作用，同时本身也十分逼真，是五代肖像画的精品。

宋朝汉族妇女的妆饰，与回鹘妆饰相似。封建统治阶级的妇女服饰，不仅形式多样、色彩鲜丽，而且很多装饰花纹含有政治意义。封建统治阶级在穿衣戴帽都极力宣扬封建伦理道德和他们的审美观点，反映在妇女化妆文化上也是如此。由于宋时的政治、经济滑坡的原因，反映在妇女妆饰上远不如前代的丰富。此时敦煌石窟妇女妆饰简朴，式样种类少，花钿和面靥妆饰极少出现，这与当时的形势不无关系。

敦煌妇女妆饰所使用的红色材料是朱砂，这里也包含面靥点涂所使用的红色颜料在内。在中国古代妇女的妆饰史上，色彩的等级制度更为严格。妇女化妆的色彩是随统治者的好恶而变化的。但是，通过化妆的形式、色彩，也可以看到当时颜料之丰富、化妆技术的高度成就，特别是妇女面部的靥妆。像唐、五代敦煌石窟，汉族和回鹘妇女面部妆饰，丰富的纹样描绘，是用高诣的技艺表现出来的。

（三）敦煌妇女面靥妆受周边民族影响

妇女化妆是一种妆饰文化的反映，这种反映为中国古代妇女所接受，一种文化的出现，势必会影响广大妇女。一般情况下，如果政治禁锢，对外交往封闭，社会处于停滞的状态时，妇女妆饰的变化便较为缓慢。反之，对外交往呈开放状态，经济处于发展，政治宽松时，妇女妆饰变化节奏就快，形成流行的因素也就多。妇女妆饰的变异性，从横的方面看，表现为流行性，从纵的方面说，则表现为时代性。化妆打扮形之以外，人所共见。一种让人耳目一新的样式流行，一种超凡脱俗的变革，很容易形成竞相模仿的效应。

面靥妆开始在宫廷中出现，后来逐渐流传民间，成为妇女妆饰的一种时尚，在宫中和民间都是如此，只是由于阶级意识，反映在劳动妇女和贵族妇女的妆饰上有所不同罢了。民间的流传开始是在中原，后来流于边远的敦煌，敦煌壁画中出现的妇女化妆，就是最好的见证。考古发现的舞女，为数较多，头发黛黑、高髻耸于头顶，化妆多样，红粉妆与面靥妆结合，衬托舞女多姿的神态，强化了女性的妆饰美，是古代妆饰的一次跃进。脸部化妆艳丽脱俗，眉心间贴红色雉形花钿，两颊施靥，红粉妆，胭脂，朱唇，嘴角点丹，浓眉细眼，楚楚动人，是当时流行的乐佳丽女。新疆出土唐代墓中的贵妇与侍女的化妆，都施以红粉妆，桃花妆，几位妇女脸颊也施胭脂，颊面两侧只涂上圆的红丹，没有敷施满面，颇有特色，与衣着朴素淡雅相视，自有一种纯朴的美。阿斯塔纳出土唐代墓葬《弈棋图》中的彩绘女子俑，面部化妆艳丽俊俏，面额不仅贴花，两颊涂斜红，嘴角两侧点妆靥，反映了西域女性化妆的独特之美，女性丽质艳色的感性面饰美，同样给人以审美愉悦。自中原风格进入敦煌石窟，和直接来自龟兹石窟并与敦煌宗教思潮及审美理想密切结合的西域式风格相互影响、融通，使得中原风格与西域风格一直并存，影响着莫高窟壁画妇女的妆饰以及造型观念、绘画技巧及艺术风格。正如曹家女眷形象，就有汉式和西域少数民族人体服饰美和妆饰美的两种审美观。

　　敦煌唐、五代妇女，面相俊秀而丰满，化妆丰富，出现了多种点涂妆饰。衣裙帔帛也日益豪华艳丽，发髻面饰也更为复杂，满头插花钗，花靥点涂突出，眉间作五瓣梅花，涂红粉，画蛾眉。莫高窟五代回鹘公主陇西李氏等供养像，面饰红粉妆，朱唇，嘴角点丹，面部花钿、面靥，突出了女子化妆之美。可见，敦煌的时世妆与中原、西域衣冠妆饰的变化息息相通，少数民族妇女化妆也逐渐染上了中原与西域妆饰的风采。同一窟中，汉装和回鹘装这两种迥然不同的服饰同时存在一个洞窟的妇女形象上，却不会令人觉得突兀，正是敦煌匠师技艺高妙的地方。榆林窟壁画还出现了汉式化妆与少数民族妆饰并存，更具体反映了敦煌本地风格与中原、西域新风互融的现象。突破前规，出现了丰富而新颖的面貌，有两个特点：即形象上，汉族和回鹘妇女同在一窟，动、静结合生动传神，各展风采；化妆上，有汉式的脸部大面积涂红和少数民族的满面浓妆艳，贴花钿，鸟形面靥饰两颊的特点；体感表现上，丰腴华贵，多姿多彩，充满了贵族气息。这样敦煌艺术就成了多民族文化艺术交流中的交汇点，同时也反映了佛教艺术不断中国化的历程和新的高潮。

敦煌特殊的历史地理条件和地理环境，使莫高窟晚期艺术形成了它独具的特点，即中原的影响、吐蕃的烙印和敦煌的地方色彩。敦煌塑造的女性有很强的妆饰感，它展现在我们面前的不只是一幅仅有服饰外层的形象，而是通过美化，塑造了一个活生生的现实女性形象。

敦煌妇女虽然好化妆，敷胭脂、涂花钿、面靥、点红唇、描长眉，但敦煌妇女的化妆，绝不是那种弱不禁风式的、令人忧郁的美。也正是由于敦煌艺术创作水平的提高，在表现女性面部妆饰和身体的服饰时，不是靠夸张，而是靠自然，这种写实的风格与艺术家们心目中美女的标准相结合，从而形成了敦煌妇女的妆饰美。人的妆饰有无限的美，尤其是女性面饰更是妆饰美的精华。可是，美好的艺术价值，也只有在适当的环境和氛围下，才能显现出其应有的魅力。

总之，从敦煌壁画艺术来看，是妇女追求性格化的时代，早期它不是像隋代那样靠夸张、变形等手段来强调女性的性格，而是通过自然的、真实的妇女妆饰来体现性格的。初唐也是追求华美的时代，但不是像盛唐那样靠妆饰的多样来取得华美的效果，而是靠妇女的精神面貌、优美的风姿来体现。这种对美的追求冲破了宗教的束缚，使艺术快要达到自由的境界了。唐代以后虽然由于形势的变化，妇女从服饰到妆饰均受到不同程度影响，但总的来说还是追求审美的时代，但壁画中妇女形象已经反映出画家们努力创造一种辽阔的境界，通过面部多种化妆，妆饰空间的处理和环境的渲染，通过众多妇女形成的气势，表现出宏大的境界和画家的审美意识。

丰富多彩

敦煌古代妇女首饰美

天生丽质难自弃，一朝选在君王侧。

回眸一笑百媚生，六宫粉黛无颜色。

——白居易《长恨歌》

　　唐代妇女的艺术形象特征，前后风格统一，聚集了唐代妇女的一切化妆手法。敦煌唐代妇女梳高髻、戴花冠、插金钗、饰银簪，挂步摇、描柳眉、涂粉脂、绘花黄、贴花钿、饰面靥、点红唇，充分表现了敦煌唐代千姿百态女性美的艺术形象特征。

（一）唐代妇女发式

　　古时妇女发式分髻、鬟、辫发、披发四类。发髻，总称发式。先将头发拢起或分股，然后编盘成各种形状，再用丝帛条带缚住以示固定，或耸竖于头顶，或偏垂于一侧或两侧，或垂于头后的发式，叫作发髻。髻又分为髻与鬟两大类。束发于头顶的可称之为髻，而把发梳成辫，垂于或成环状翘起的可称之为鬟。鬟与髻的分别在于空心与实心。鬟将发梳成空心做成环形，多为未婚女子所梳，双鬟最为流行。古代女子发髻种类繁多，从出土实物看，唐墓女俑及壁画中的妇女发髻，可归纳出十几种类型，二三十余式，还难以包纳已知的实物资料。《中华古今注》《妆台记》《髻鬟品》等记载有高鬟、短鬟、低鬟、双鬟、八鬟、九鬟、圆鬟、十二鬟、垂鬟等。从敦煌壁画看，所见鬟的资料较少，但仍有见存。髻的资料，无论文献还是实物都相当丰富。

古时人们为了方便活动，开始将头发拢起卷成圆形固定在头顶。那时的人们没有太多的妆扮意识，只是为了方便而把头发拢起，仅起到便于行动的作用。随着生活水平的提高，人们开始追求个性化打扮，于是出现了发髻。后来，开始出现了在发髻施以装饰物。发饰的使用也遵循了从简到繁的过程。商周时期，发髻多拢于头顶。战国时期的发式，基本上趋于把发髻绾在头后为拖垂样式。秦汉时，妇女流行垂髻，这种发式低垂于肩部，故又有"垂髻"之称。世庶女子原以垂髻常见，但至东汉，高髻已流行，其后各朝相继兴盛。东汉时，假发也开始出现，垂髻开始翻新，出现了"堕马髻"的新样，并出现了各种变化的形式。当时女子的发式，种类之多，超过了前代。

魏晋南北朝时期，女子发式花样百出，争奇斗艳，各领风骚。当时女子的发式有多种，士庶女子梳高髻，多仿效贵族女子，突出表现了高峨、灵动、多变、简洁和夸张的特点。

　　北朝时期的敦煌属于多民族杂聚之地，这时鲜卑服饰占据了主导地位。这一时期壁画上出现了鲜卑服、汉服相融合的现象，女子有梳汉式高髻，穿鲜卑的窄袖衣，莫高窟北魏第 263 窟等供养人画像比较清楚，略见女子发式似高髻。西魏时期洞窟中的女子大多保存完好，发式多出现高髻，如莫高窟第 285 窟两女供养人梳高髻，一女梳双髻，都是同样的衣冠服饰。另有六身供养人，前者为主人，寥寥数笔绘出整个高髻，身穿交领襦，高腰上系带，下着长裙。[①] 当时妇女束发挽髻，主要是汉民族的习俗。

　　隋时敦煌妇女的发型分四类：第一类，梳半翻高髻，身穿高腰短襦，腰系宽带，下着长裙，外披帔帛，如莫高窟隋第 419 窟女供养人多身，主人头梳半翻髻。第二类梳双丫髻，窟中一小童梳双丫高髻，身穿短襦，高腰长裙，足着云履。这几身女供养人和随从的发式、衣裙、披巾，尚出现在隋第 397 窟等。第三类梳云髻，隋代第 305 窟中心柱女供养人梳云髻，内衣领左衽，外衣圆领带边，高腰长裙曳地。第四类梳高髻，隋第 404 窟两身女供养人，五官、衣服不十分清楚，

---

①《中国石窟·龙门石窟》第 1 册，北京：文物出版社；日本：株式会社平凡社，1987 年，图 59、图 71、72。

但可看出衣装的款式和高髻，她们身穿大袖衫，长裙曳地，双手托盘。表明隋代敦煌妇女发式不仅继承了许多传统的习俗，而且还创造了新的优美高雅的髻式。

唐朝妇女的发髻十分讲究，主要流行高髻、低髻、宝髻、凤髻、螺髻、椎髻、侧髻等。唐初女子梳高髻，形成了一时风尚，敦煌初唐女供养人多作高椎髻，这是一种流行很广的妇女梳妆。敦煌壁画中的女子梳高髻，多出来的长发，垂在肩上，随风飘逸，这是唐代妇女流行发型的审美标准。还有一种在头顶分叉的高髻，也是本期中始见的。

唐朝流行螺髻、双垂髻，莫高窟初唐第 329 窟中一仕女梳螺髻，发髻细而高，很有特点。双垂髻（双垂鬟髻），即将头发分成两部分，在头的两侧各盘卷一髻垂下的发式，叫作双垂髻；有鬟而下垂者，称双垂鬟髻；无鬟而又不下垂，并梳于头两侧的发式，则径曰双髻[①]。双垂髻、双髻同双垂鬟髻或双丫髻一样，也多为未婚女子及侍女、婢使、童仆等所常梳的发式。甚至宫中侍女也多梳此髻。梳双垂髻的形象在古代绘画中，多有出现。唐时男女儿童也有梳这种发式的，但终不如青年女子那样普遍。敦煌莫高窟中唐吐蕃统治时期第 159 窟侍女，

①周峰：《中国古代服装参考资料》(隋唐五代部分)，燕山出版社，1987年，第456页。

图 57　莫高窟第 431 窟·南壁·女供养人　初唐

梳双垂髻，面相丰满，饰红唇。莫高窟中唐第 468 窟西壁一女供养人，梳双垂髻，穿圆领开胯长袍，腰系丝带，为吐蕃装。双垂髻至明清时期仍广行民间。

　　唐代高髻式样增多，有的薄而高，有的一侧高，一侧低，有的形似鸟。唐代的凤髻式高髻，似凤形或装饰金翠凤凰，故曰"凤髻"式高髻。莫高窟初唐第 431 窟南壁四身女子梳高椎髻（图 57）。开元年间，在一般妇女中，又流行起"双鬟望仙髻"和"回鹘髻"，两鬓抱面。这些发髻比起以前的髻式略低，为了方便外出则戴浑脱帽。

（二）唐代妇女冠饰

莫高窟、榆林窟、西千佛洞均绘有供养人戴冠的形象。敦煌石窟保存了大量的妇女头冠，年代最早出现于北朝。

古代的首服，为弁冕之总称。冕，即是头上戴的冠类首服。冠的结构由冠梁、冠圈以及两侧的缨组成。冕服制度始于夏，经商、周的变革和发展，至周代有了明确的文字记载。魏晋南北朝冠服不但形式多样，而且在冠上多有饰物。

隋代以后，天子惟用衮冕，自衮冕以下，不再施用。唐代冠服无论是式样的众多新颖，还是饰物纹样的多彩绮丽，均达到了全新的高度，并在域外产生了广泛而深远的影响。

唐代敦煌壁画有维摩诘经变中的具服、进贤冠，其中有多幅帝王和官员听讲经说法的画面，画面中的官员服饰是考证唐代官服的重要资料之一。莫高窟第 220 窟维摩变壁画中，帝王戴冕旒，着袍衫、大带、大绶、履。冕侧有缨，下垂"黈纩"。晚唐第 9 窟帝王则着衮冕，与中唐无异。可见敦煌唐代壁画中的帝王画像多着衮冕。莫高窟晚唐第 12 窟帝王着素服，大袖襦，通天冠、簪导，与"开元礼"通天冠条规定相符。五代十国，官服大部分是沿袭初唐服制。如莫高窟五代第

98 窟东壁南侧于阗国王冕服（特写）（图58）；西夏妇女冠服，承袭五代、宋之制，并有所发展，贵族大多梳高髻，戴各种华丽的冠饰，四面插花钗，颇具唐风。

敦煌石窟保存了妇女凤冠、桃形冠、花钗冠等。

唐朝贵族妇女"凤冠金钗""博鬓抱面""凤髻金泥带""髻鬟峨峨高一尺""翠髻高耸绿鬓虚"，以显示其尊贵。唐朝男子戴通天冠、进贤冠等。唐朝妇女戴凤冠、桃形冠、花冠，是贵妃、公主、帝王官吏的"法服"。

凤冠全称为凤形冠饰，指冠体上饰凤鸟而得名。多为贵妇佩戴，一般在冠顶立凤鸟，凤尾上翘，两侧或四周饰发簪，还插发钗。凤冠大多四周以金银丝、竹篾编织成花钗状，外裹纱罗，并

图58 莫高窟第 98 窟·马仲年临

　　缀以珠翠，戴在发髻上以为装饰。凤冠可以说是最华贵的一种，非命
妇不备，专用于祭祀行礼。莫高窟盛唐第 188 窟东壁贵妇戴宝冠（图
59）。晚唐第 85 窟张议潮侄女画像，是位贵妇，戴凤冠，穿贵族礼服。
凤冠上点缀宝珠，凤冠通体装饰，十分精致。 这种金凤女冠只有回
鹘王后和天公主才能戴。

　　敦煌石窟在曹氏归义军时期所营建的洞窟中出现了回鹘天公主
供养画像。这些回鹘天公主，因受汉族服饰的影响，其服饰中有汉族

图60 莫高窟第98窟·于阗王后曹氏·李其琼临

的习俗，如头戴凤冠，发式上饰汉人的金钗等，脸上贴花钿、面部两

颊绘面靥妆，成了敦煌上层贵妇的时尚服饰。五代、宋继承唐代遗制，

女服都以命妇为主，多饰凤冠、花钗冠。特别是凤冠有其特点，变化

各异。莫高窟五代第98窟东壁于阗国王后曹氏供养人，戴桃形凤冠

（图60）。于阗王后供养像头戴桃形冠，桃形冠用带系结，长带垂于

后，颈饰富丽高雅、项链别致，整体布局疏密相兼，造型美观和谐，

衬托出女性的美感。皇后面部红粉、花钿、面靥妆，两鬓抱面，身穿

图 61 | 莫高窟第 61 窟

宽边弧形大翻领，紧袖口，长裙曳地，锦袍，领形和袖口均镶嵌彩绣花边,此为典型的回鹘贵族装束并显示了她的身份。莫高窟隋（初唐、五代重修）第 401 窟是现存有关曹议金修窟的最早有纪年的佛窟。甬道南壁第一身女供养像为曹议金的回鹘夫人，头戴桃形凤冠。莫高窟第 138 窟晚唐东壁郡君太夫人，头戴桃形凤冠，身花钗翟衣。榆林窟唐（回鹘、元重修）第 39 窟回鹘女供养人戴桃形冠。莫高窟第 61 窟东壁回鹘公主陇西李氏供养像，回鹘公主着礼服，戴桃形凤冠（图 61）。该窟东壁门北侧供养人行列中的第四、五、六身，三身天公主供养像，戴凤冠，皆鬟发抱面，垂耳珰，饰珠链，项链各嵌蓝色珠饰，整件项链选材珍异，制作精巧。对称的东壁和南壁，也同样有一排女供养人，戴凤冠、饰项链。另外，西千佛洞第 13、15 窟中的回鹘王妃供养画像，所戴的桃形冠与吐鲁番柏孜克里克石窟中的回鹘王妃、公主供养画像，北庭回鹘西大寺壁画中的回鹘王妃供养画像所戴的桃形冠也相似。榆林窟五代至宋初第 19 窟甬道凉国夫人服饰，戴桃形凤冠。冠体中有一较小的金银凤凰曲卷成桃形状，两侧由多片冠叶和化簪连缀而成，周围衬以花钗，冠下为双重似镂空六瓣花叶形底座，底座有莲花，冠口为一条边带，冠上佩各种饰件，垂步摇，簪和发梳对称于额前，两鬟抱面（图 62），类似花冠又见莫高窟五代宋初第 454 窟节度使曹延恭夫人头戴桃形冠。榆林窟第 25 窟于阗公主头冠，为一展翅桃形金凤女冠。这种冠顶呈桃形状，画师绘出，似用镂雕金银片连缀而成，即冠顶圆形莲座，正面雕一只凤鸟立于冠顶，凤翅颜色红、白相间曲卷成桃形状，凤头胸呈黄色。凤鸟长颈，口衔一束盛开的红花，并有绿叶点缀，身

图 62 | 榆林窟第 19 窟 · 甬道南壁 · 女供养人
五代、宋

上绘五束蓝色作蕊的菊花。冠通体装饰十分精致。

　　花钗凤冠，指冠饰除了金钗，还饰各式花朵组成冠上的装饰。花
钗凤冠初见于魏晋南北朝时期，主要流行于唐后期和五代、宋以后，
汉族妇女多有佩戴。唐代贵族女性的花冠华贵，饰以花、玉、金银饰
等，特别是妇女穿翟衣多与花冠相配，贵妇花钿、面靥，戴九支花钗冠，
项部多重珠串和各类配饰，博鬓、宝钿饰等。莫高窟盛唐女供养人戴
花冠，冠上饰钗。张泌《浣溪沙》词也称："偏戴花冠白玉簪，睡容

新起意沉吟。"唐代男女均戴花冠，这时制作工艺精湛，莫高窟盛唐（五代重修）第79窟甬道节度使曹元忠夫人戴金银花钗头冠。唐诗中不乏出现"芙蓉冠""碧罗冠""玉叶冠"等描绘女子戴冠的习俗，直接描写金银冠的作品也逐渐出现。由于"花冠"在这一历史时期具有划分等级的作用，故而花冠也是对贵族妇女形象的衬托。冠饰的位置、高度与金银自身的辉煌显示出人物的地位。

敦煌唐代壁画中的菩萨头冠，多为花钗冠。敦煌壁画中有大量的菩萨画像，这些菩萨头冠上反映出适合汉化的花卉图案，如用花草作头冠装饰。这种汉式风格的特征，反映出菩萨头冠装饰的不断变化。菩萨首冠的多种妆饰中，"花冠、花蔓冠"是其中较多的一种。根据纹样，敦煌花冠又可分为莲花纹宝冠、忍冬纹宝冠、缠枝卷草纹宝冠等。敦煌壁画初唐第78窟菩萨似用一束大菊花作菩萨头冠装饰，重叠多层叶瓣组成一个花朵，上面满布星点，作为花卉点叠，这是敦煌石窟菩萨头冠艺术汉化的表现形式。又见初唐第220窟听法菩萨和持花菩萨头冠，中央花盘和两侧左右饰对称，上下对称的花朵。有的供养菩萨头冠中绘花草，多有花瓣组成花朵。另外，敦煌石窟菩萨花鬘冠，表现出主次分明，紧凑协调。在围绕头冠内的空间里满绘花卉、莲蕾、忍冬、花草等，也都利用图案的形式绘出，具有浓郁的装饰性。盛唐第 328 窟听法菩萨戴宝冠，由中央花盘和两侧对称花盘三部分组成，中央花朵对称在宝冠上下左右，大小不一。中唐第 154 窟供养菩萨头冠上的细环中央饰硕大的盛开的鲜花，面向左前方，占头冠的三分之一的空间，两侧饰环和垂带，带子结成花卉形状，上有小的珠子点缀。类似于这种头冠在敦煌后期洞窟中时有出现，五代、宋第 36 窟持花菩萨戴花冠。可见敦煌石窟以较多的菩萨宝冠画面表现多种纹样。五代第 98 窟妇女除了配凤冠，女子还有戴花钗头冠的，如五代于阗国公主供养像。莫高窟第 98 窟东壁五代女性供养者像，戴花钗冠。敦煌莫高窟五代至宋初第 427 窟甬道凉国夫人，头戴花钗冠，此冠似一件金冠，该冠周边压印有花纹，冠面花纹突出，中心饰有一大的凤鸟，凤立在莲花座上，并突出八瓣莲花叶。凤眼面向前方，口衔一串珠玉，细长的颈稍弯曲，凤尾曲卷，高翘翅膀、胸部饰蓝色宝珠。凤两侧各插八瓣叶组成的黄色莲形花钿，四支花钿呈黄色，内缀蓝色点状饰物。凤下部，有三对蓝色角梳，与两侧的花钗相对，垂步摇，整个冠和钗似金制作。冠的制作均是以多片叶连缀而成，冠口有边带，冠为高立翅冠。凉国夫人之冠的纹饰上均有珠饰，博鬓抱面，

图63 莫高窟第256窟·东壁门南
女供养人（花钗礼服）·宋

面部前额中饰一翠玉花形妆饰。身穿团花纹内衣，领上饰绘莲花图案，
外穿宽袖襦裙，红色披巾。显示出窟主人的社会阶层，且出自贵族之
家。同类花钗凤冠见莫高窟宋第256窟东壁贵妇花钗凤冠，着礼衣（图
63），又见莫高窟五代宋初第454窟，南壁节度使曹延恭夫人戴这种
花钗凤冠。此窟中有一排女供养人，头戴花冠，两鬓抱面，项饰多层，
面饰花钿。敦煌妇女花钗冠中的纹饰，如忍冬纹和衣装上的忍冬纹等，
是通过对忍冬的概括、提炼，从而进行艺术性的夸张，组成首饰所需
要的形式，如冠中的适合形式等。这些都是忍冬纹、莲花纹，或忍冬、

莲花混合组成纹样的特定装饰图案。

　　敦煌石窟供养人冠服图案依然保持着原貌，明显地表现了时代特征，这对莫高窟的编年有着重要的参考价值。从十六国到元代考古发掘的冠服，反映了我国冠服制度的发展，反映了我国多民族衣冠服饰的丰富多变的特点，为研究我国衣冠服饰发展史，提供了许多史籍所不载的珍贵资料。

（三）唐代妇女梳篦

　　头饰的起源既有装饰悦目，也有来自于模仿和传感等因素，有着广泛的社会基础和思维基础。它的内容包括梳、篦、钗、簪、金钿、银钿、步摇等。其中最古老的是梳篦。自从人类开始注重自己的颜面和修整头发后，就有了梳子。

　　"梳""篦"作为首饰品，由日常生活工具衍化而来，其特点是实用性与装饰性并重。金银材质的梳、篦，则是更具装饰性的专门发饰品。梳、篦是发饰的一种类别，又可称"栉"，形状大致相似。梳子的基本功能：顺发功能、固发功能、装饰功能。但主要是顺发和装饰功能。

隋以后，梳篦的形式又有所变化。它已不再是新石器时期的瘦长形，也很少出现战国至魏晋时期的马蹄状，而是逐渐横向发展，成为扁形。其中有半月形、梯形和梳背略有弧度的方形。梳齿与梳背的交接处也变成了传统的直线形，而顶部多呈弧线形。梳子制作也越来越精巧。不仅梳齿细密，梳背上的装饰更是千姿百态，不拘一格。

敦煌莫高窟壁画中的妇女从早期到中期大多饰梳。隋代敦煌妇女梳子在北朝基础上，除原有遗存外，而且出现了新的式样，特别是梳子与早期不同，而此时梳子制作精细，而且女子梳高髻插多把梳子外，还饰花梳，莫高窟隋窟中妇女插梳多样，如隋第 62 窟中的妇女发髻上饰梳子作装饰，头两侧对称绘花梳；隋代第 383 窟两女供养人，头戴花冠，发上插角梳。隋第 302 窟上下二层女供养人，均戴花冠插梳。隋第 303 窟一排女供养人饰梳，梳子上下对称，插在额上部发髻的中间。这时的梳子和妇女装饰线描细腻熟练。

唐朝妇女发髻上饰各种首饰，也是唐代梳子全盛的时期。妇女高髻上插梳子，不但在宫中花样翻新，而且在民间流行。

唐时出土大量女俑高髻和头冠上饰梳，大致可分为两类：一是高

图64 榆林窟第25窟·北壁·
弥勒经变之老人入墓局部

图65 壁画·莫高窟第144窟·主室东壁南侧下部
大日皮康公之女与小儿供养像·晚唐

髻上插满梳篦钗，身穿长裙，作舞蹈状的舞伎①。还有梳高髻，着云披，华袂长裙的妃嫔。二是高髻上无钗饰，多为民间女子。唐代妇女还喜欢用小梳子装饰发髻，在发髻上插几把小梳。

唐朝比较讲究的梳子用金、犀、玉、牙等材料制成，露出半月形梳背。唐代妇女用小梳做装饰，始于盛唐，中晚唐还在继续流行。莫

①南京博物馆编著：《南唐二陵发掘报告》，文物出版社，1957年。

高窟盛唐第 194 窟等女供养人发髻上，插多把对称的小梳子。唐人元稹《恨妆成》诗中有"满头行小梳"之句。唐朝除了流行小梳，还妆饰大梳。如莫高窟初唐第 220 窟舞女高髻上插大梳。当时有的妇女梳子大及一尺。唐朝妇女，高髻上一般都与梳子配套装饰。莫高窟中唐第 359 窟女供养人高髻上饰花钗。此窟女供养人各三身，双排对称，同样是高髻，上仍有花钗。又榆林窟中唐第 25 窟北壁妇女服饰，高髻、发髻插梳、花钗（图 64）。莫高窟中唐第 144 窟东壁贵妇发式上插梳子（图 65）。敦煌出土绢画、麻布画，这些画基本上为彩色，少数为白描，版画大多为墨印。画中的女子高髻上插大梳，饰花钗，如一幅绢画中的妇女，皆为平民服装，其中一女子，虔诚虚掌合十，头上插两把梳子，六枚发钗。①

唐代描绘宫廷贵妇体态丰盈，高髻，插梳，身穿大袖衫、长裙曳地、肩披丝帛。仕女也高髻，插大梳。唐代梳子数量不一，但总的趋势是逐渐减少，而规格却在逐渐加大。唐人蓄长发，梳、篦与金钿、簪钗并插于头上，既具有清洁梳理的功能，也符合美观装饰的要求。

---

①敦煌研究院编著：《敦煌艺术精华》，香港广汇贸易有限公司，1989年。

金银质的梳、篦用料贵重，做工精巧。其上或饰花朵，或钿、钗一齐佩饰于髻之上，特别彰显贵气。唐朝敦煌舞伎、士庶女子首饰，多仿效贵族女子，莫高窟晚唐第85窟的张议潮侄女画像，发上饰多把梳子，逐渐加大。又见第156窟北壁晚唐张议潮出行图，晚唐第156窟宋国夫人出行图中的宋国夫人首饰高髻插大梳。图中还有一组歌舞伎，四女梳高髻、饰梳子，反映了我国西北地区的民情风俗和社会时尚，该窟又有五身乐女，高髻上的梳子与唐墓中的妇女梳子相似，表明边陲与内地的文化交流因素。

（四）唐代妇女饰钗

出土的唐代金钗，成为我国艺术宝库中绚丽夺目的奇葩，在金银工艺发展史上有极为重要的地位，并对以后金银首饰的制作有着深远的影响。敦煌壁画保存了不同的妇女首饰，特别是敦煌石窟中的妇女大量的金、银发钗的出现，反映了妇女对首饰的重视。

发钗和发簪都用于插发，在用途上两者有异同。发钗主要起装饰作用，而发簪则多用于固发。另外，二者的结构也有所不同，"钗"本从笄、簪发展而来，由两股细似针的簪子合成，即发钗通常做成双股，钗首上有孔，多垂步摇，而发簪则做成一股，是一种似长针的饰物。"钗""簪"均以顶首装饰纹样而定名。考古发现钗的种类有多种，是根据钗顶造型而定名的。从形状上分，有凤顶形钗、龙顶形钗、鸟顶形钗、花顶形钗、草叶形顶钗，还有方顶形钗、圆顶形钗等。钗一般双用，则斜竖插于头顶和发际两旁。

古时用钗，开始只是在发髻上插单枚，后来发展成在高髻上插满钗簪。钗的制作材质，最早的钗以竹为之，继有金钗、银钗、铜钗、玉钗、宝钗、翡翠钗、琥珀钗、琉璃钗、木钗等。古时妇女除了用金钗、银钗、玉钗外，也有用竹子、骨头、铜等制成的钗。此外，庶民所用的发钗最初为荆钗，是用荆条制成，故称荆钗。

敦煌壁画中的妇女在唐代洞窟中流行的主题是首饰，它妆饰华丽，与许多早期妇女妆饰简单而形成对比。因此，可通过对这一时期妇女妆饰文化的研究去分析，揭示过渡时期的首饰变化。

唐前期命妇服用礼服要有专门的首饰与之相配。特别是唐代仕女画中的女子，发髻之上饰多种金银花鸟纹钗，庶民女子出嫁也饰花钗。文献记载，花钗首饰在唐朝贵族妇女和庶女中颇为流行。从唐代盛期起，盛唐贵族妇女各种高髻流行，为首饰的繁盛提供了契机，这一时

图66　莫高窟第 468 窟 - 西壁龛下北侧 - 女供养人五身 - 中唐

期从敦煌壁画看，妇女首饰钗、簪极为盛行，莫高窟盛唐贵族女供
养人，头戴缠枝花卉宝冠，两侧插发钗。这时的发钗均双股，有的
略呈弯曲状，钗顶饰一弯曲的金丝，金丝上坠饰物，莫高窟盛唐第
148 窟主室东壁门南侧两身女子，发髻上插双股金钗。盛唐第 217
窟北壁贵妇丰满，戴宝冠，冠侧插一枚金钗。唐朝妇女首饰具有
强烈的装饰意味，色彩的表现重视叠晕和渲染，服饰的色彩格外丰
富、厚重。敦煌石窟现存妇女戴花冠、饰花钗，身着交领右衽窄袖
开衩长袍的形象。唐代中期妇女雍容华贵，特别是命妇更是花钗饰
首，礼服，达到了顶峰。唐朝还有在高髻上插满钗簪，着长裙作舞

图 67　莫高窟第 231 窟・东壁门上
　　　供养人　中唐

蹈状的舞伎，她们髻鬟之上的钗簪，造型不一，有的形如花卉，有
的形如凤鸟，有的形如植叶，有的形如祥云等。中晚唐时，妇女的
服饰更加富丽堂皇、雍容华贵，特别是命妇更是花钗九树，金银饰
之。这时妇女在发式方面，则一改初唐时期的那种挺拔俊朗、简洁
之美，而代之以花钗，金银杂宝为饰。此时女子在高髻之上，用钗
的种类很多，有一种金银钗作花朵形，当时称为"钗朵"。这种金
银钗以镂花见胜，其形与敦煌唐代妇女发钗相似。敦煌莫高窟中唐
第 468 窟西壁贵妇与侍女梳高髻，上饰金钗（图 66），又见莫高窟
中唐第 231 窟东壁贵妇与侍女饰花钗（图 67）。贵妇戴九支花钗冠，

冠上饰多支金钗，穿花钗礼服。晚唐由于工艺技术的发展，为了适
应发髻的需要，妇女首饰制作多有变化，钗顶的形制多样，并且还
镶嵌各种金、玉、珠宝，显得更为精致华美。如莫高窟晚唐第 156
窟，此窟中的宋国夫人首饰高髻上饰金钗。莫高窟晚唐第 138 窟东壁，
郡君太夫人头饰花钗，身着大翟衣（图 68）。晚唐第 9 窟女供养人
饰花钗冠，所谓花钗冠，是指冠上饰多支金钗等的饰物，穿花钗礼
服，饰各种发钗、簪（图 69）。此外，敦煌唐、五代妇女，花钗礼服，

图 69 　 118·莫高窟第 9 窟·安菩祖临·盛唐与

头戴桃形凤冠，上饰金钗，如榆林窟中唐（五代、宋、清重修）第
25 窟东壁王后常服，头戴桃形凤冠，冠的两侧，按等距离竖六支条
状金发钗，钗体上饰蓝宝珠和绿、黄花束，花中饰绿蕊，边缘有纹饰。
六支发钗和冠相连，并相交于冠顶端，组成冠体，说明唐朝妇女对
首饰的重视。

（五）唐代妇女饰簪

　　敦煌妇女首饰发簪，是古代服饰研究中的重要部分。以历代名家所绘仕女画为依据，参照各时期的壁画、陶俑、泥塑、雕刻等妇女首饰进行分析，说明古代妇女首饰发簪不但起固发和妆饰发髻的作用，而且也是贵族昭明身份的一种标志，同时也反映了妇女妆饰的审美标准和流行时尚。

　　发簪，是用来别住发髻的条状物，是固定发髻或冠的一种单股长针的饰物。用金银、骨头、玉石等制成，后来专指妇女插髻的首饰。

　　敦煌妇女发簪的使用方法，有固发、冠簪、妆饰三种。第一种固发。即将松散的头发拢起，使发不往前掩面，这种挽发，仅将两鬓小股头发拉后团在一起，插上发簪以示固定，或将所有头发团成一个圆髻，有的发髻在头顶，有的发髻在头后，发簪横穿发髻，以示固定，这种发式女子多见。第二种是冠簪，以示固冠，在冠冕上插簪，一般有两种，一种横插，两头露出；一种只插一侧，仅露出簪顶。敦煌壁画中的男子戴冠，在冠冕上插簪。贵妇、公主戴凤冠，冠上饰金簪。敦煌女子戴花冠，冠侧插发簪，两侧插发簪，如盛唐第 217 窟贵夫人戴宝冠，冠侧插发簪。第三种是作为装饰而出现的，发式上插对称的二三枚不等的各类装饰发簪，这种发簪顶多以花卉出现，有的并排插入两侧，有的插入一侧，这类装饰发簪出现较多。莫高窟中唐第 231 窟东壁贵妇与仕女饰发簪、发钗。敦煌莫高窟晚唐第 9 窟一女供养人，发髻上插四个此类簪，对称地插入高髻两侧，簪头尖、两边宽，至下细，为梭形。这种发簪在其他出土文物中也有出现，可见是这个时期比较流行的一种簪。

上述三种发簪的使用方法说明"簪"主要以簪首装饰而定名，其类型和料质各个时期的特点不同。

敦煌石窟中的首饰簪，主要流行于唐、五代、宋、西夏时期。敦煌壁画中出现的妇女发簪类型多样，根据洞窟调查大致有云顶型发簪、凤顶型发簪、花顶型发簪、圆顶型等。

云顶型发簪，亦称云式簪，指簪顶装饰为云纹形状，一般簪身无纹饰，簪体似为长针，顶端大，簪底小。插入发中的为簪底，簪顶指露在发外的部分，称其云顶型发簪。饰这种簪的贵族妇女，多在高髻上插一支云顶型发钗和三支云顶型发簪。莫高窟中唐（晚唐五代、清重修）第 144 窟东壁女子，头梳高髻，髻上饰云顶型发簪（图 70）。晚唐第 9 窟天女梳双环高髻，髻上有云头簪 14 支。晚唐第 12 窟女

图70　壁画·莫高窟第144窟
主室东壁南侧下部　晚唐

供养人也插此类发簪。此窟一供养女，梳高髻，髻上装饰波纹，为弯
条状，形成波浪卷花纹，发髻上插云顶纹簪二支，簪底处均有对称的
两朵小花，与花对称的中间部位插梳，妆饰华丽。女子身穿长襦曳地，
披网式巾，项链珠饰，面相丰满、端庄，表现出贵妇的形象，是一幅
敦煌晚唐的仕女图。

　　凤顶型发簪，这种发簪，指发顶为凤鸟状，就是说簪顶以禽鸟
为饰。簪以凤顶出现为多，也是妇女喜爱的一种，这种妆饰多出现在
敦煌女供养人，即贵族妇女发式上，制作精致。通常做成两支，对插

于双鬟。簪上为一种凤鸟，古称金凤凰。唐代妇女还将禽鸟类动物或花朵与簪结合，诗中常见，用得最多的是凤簪，李商隐《念远》："皎皎非鸾扇，翘翘失凤簪"，借用凤簪加步摇的摇坠，表现女子的风韵。贵妇发簪不同类型的花朵，有似菊花、团花的，还有像云朵般的，花卉对称，插在发髻上。莫高窟盛唐第130窟女供养人发上插凤簪。第130窟女供养人发上插二凤簪和饰花的形象。发髻插凤簪，凤首似金叶制成，略如扇形状，口衔步摇珠，面部如鸟结，颈细长向前，胸圆鼓，背上双翼展开似高出头顶，翼羽数茎圆转，线描流畅。另一凤作仰式奋飞状，头朝前方，双翅展起。因簪上的凤尾大多成翻卷上翘的样式，所以又被称为"凤翘"。值得注意的是，这位贵妇头冠为叶瓣形金冠，内有一凤立于冠中，口衔一枝红花，身上绘五束蓝色作蕊的菊花，并伴有五个圆形装饰。尚有六个金钗，两钗缀有蓝色串珠垂于两侧。贵妇面部红粉、柳眉、凤眼、红唇，并饰有项饰、耳饰等，是一位华贵的尊夫人，也是一幅美女图。莫高窟五代第98窟东壁女性供养者像，花钿、头上饰发簪。

花顶型发簪，指冠上由多种装饰组成，但最多的还是由钿、簪、钗为主。花簪冠，又称之为花簪冠，初见于魏晋南北朝时期，主要流行于唐后期和五代、宋以后，汉族妇女多有佩戴。花簪冠最早出现在北朝，见云冈第 33 窟西壁下部供养人像中，第一身供养人头戴花冠，冠上饰品较多，无法看清发髻，但可见花簪。敦煌妇女专作为妆饰的花簪多种，有的类型之中又可分为若干种。从敦煌壁画上看，唐代女供养人的金簪，制成花顶型，发髻上插满枝叶组成花状形的发簪。还有将个体小花单独制成金簪的，如莫高窟中、晚唐洞窟五代重修的第144 窟发簪，为个体小花单独制成，使用时安插在高髻上。唐代敦煌妇女在梳妆好的发髻上饰多种妆饰，以花簪、插梳、戴冠为特点，用金、银制成的金簪为妆饰。花顶发簪，在敦煌有几种，其中有一处是用一长簪横穿妇女发髻，高髻用花顶型簪固定，簪顶是用花瓣组成，似喇叭花顶型簪，另一端无装饰为簪底，簪底露出发外，梳插在发髻中。此类横插发髻的花簪，一般出现在冠帽和单独的高髻上，这种簪不光用于女供养人发式上，而且男子也使用。

圆顶型发簪，将顶端做成球状或半球状，少数刻有螺旋纹。北魏司马金龙墓出土漆画，男子用簪插冠，冠后有一孔，插入一圆顶型簪，以示固定。这是最常见的一种发簪，亦是最多的一种，这种簪为两种类型，第一种簪顶为圆形状，簪身稍细，有的簪顶粗而有线纹；第二种整个簪都是圆形状，即簪顶、簪身、簪尾均为圆形，上下粗细差别不大，仅在插发处将簪底稍做成细尖形，这种簪无装饰纹样，仅用定发。敦煌莫高窟晚唐第 196 窟一女供养人，身后有两侍从，梳花式高髻，上插梳子，两侧对称插一对圆顶型发簪，身穿大袖衫襦，帛巾搭肩，长裙下由云头高履托之。莫高窟第 428 窟一供养侍女，梳双高髻，髻上横插圆顶型发簪。另外，这种发簪尚在敦煌莫高窟藏经洞出土的《法华经·观音普门品变相图》（五代至北宋）绢画中妇女发髻上出现，其中一女跪地，发髻上插对称的圆顶型发簪，簪顶带有横线饰纹，簪头大而长，簪尾稍细插入发内，发前有一对黄、红、白相间的对称梳子[①]。榆林窟五代宋第 25 窟北侧贵妇供养人冠上饰圆顶型簪、金钗。莫高窟宋第 256 窟东壁女子饰圆顶发簪（图 71），榆林窟五代宋第 25 窟王后冠上饰圆顶金簪。榆林窟五代第 38 窟中也有此类，窟中有三身妇女，两侧妇女均插四个圆顶型发簪，其中一妇女发髻右侧插两个圆顶型簪。圆顶型发簪在敦煌壁画中的贵族女供养人及侍女发式上均有出现，同时男供养人发髻中也有存在，是历代固定发髻的主要饰物，但也起装饰作用。

---

① 吉美博物馆：《西域美术II》，日本东京:讲谈社，1995年。

图 71 │ 莫高窟第 256 窟 · 东壁门南 · 女供养人
（花钗礼服）· 宋

　　总之，首饰发簪的演变反映了服制的演变。"簪"是由"笄"发展而来的。"簪"的历史悠久，各时期的特点不同，主要是以簪首为饰而定名的，其类型和料质各个时期均有变化。敦煌妇女发簪形式多样、制作工艺精湛，主要流行于唐、五代时期。发簪不但是敦煌贵妇显示身份的一种标志，而且亦是首饰的主要妆饰品。

（六）唐代妇女饰步摇

　　唐朝妇女对仪表修饰十分重视，崇尚"步摇冠"，上悬挂各种珠玉步摇，装饰华丽。突出了衣装、首饰、面妆审美的装饰性、多样性，形成了具有时代特点的妆饰风格——唐风。

步摇与簪、钗都是插在发际的饰物，若簪或钗首上垂有流苏或坠子，行动时随步而摇则称步摇。步摇主要有两种形制：一种呈花枝、菱形、鸟、鱼等形状，属单件首饰，使用时直接插在发髻上；另一种将步摇加于冠上，即和冠身合为一体，称为"步摇冠"。步摇冠，主要以花枝、草叶形为主，为宫中后妃或贵族妇女所戴。

敦煌石窟妇女步摇，根据类型和料质主要分为四类：

第一类草叶型步摇。所谓草叶型步摇，即垂在钗上的步摇串似草叶形状，多由三瓣叶子和蓓蕾组成，有的中间饰花蕊。这类步摇，一般由二层，亦有三层不等组成。层层垂下的草叶组成塔形，上层草叶造型小，越往下越大。草叶型多为三片叶子，多者五片叶不等，组成草叶花。莫高窟盛唐第444窟两身汉族女供养人，两鬓抱面，头戴凤冠，上有发钗、簪、梳装饰。发钗上垂草叶型步摇。莫高窟贵族妇女在发上插草叶型步摇，有的大小不一。壁画中尚有女供养像，头戴宝冠，饰草叶型步摇，身穿弧形翻领窄袖大衫。翻领和袖口有精美的凤鸟花草纹锦图案，纹样十分少见。

第二类花钗型步摇。所谓花钗步摇，指冠上两侧插多支钗。钗顶刻、绘各种花束，每支花钗顶穿孔，孔上垂步摇，称花钗步摇。这种步摇后期较多，特别是少数民族女子仿汉族女子多有出现，敦煌壁画中的少数民族贵族女子、侍女饰步摇。

莫高窟盛唐窟、五代重修的第79窟甬道节度使曹元忠夫人，头戴凤钗、簪冠，上插角梳，两侧垂花钗型步摇。此步摇用玛瑙做成草叶花，由三支叶子组成一组，第一层一支，第二层两支，第三层四五支不等，形似塔形层层垂下。有的步摇还在发钗上装缀一个可以活动的花枝，并在花枝上垂珠玉等饰物，这称步摇饰。可见唐代首饰，在前代的基础上，除原有遗存外，并出现了新的首饰风格。唐以后敦煌壁画中的贵夫人、王后、公主大多饰步摇，敦煌西千佛洞五代第16窟甬道东壁绘回鹘王妃，其上半身保存较好。头戴桃形凤冠，博鬓抱面，发髻两侧上插花钗步摇。

第三类宝珠步摇。指用珠宝编成，饰三、五层不等，每层有三颗宝珠组成一组，越往下数量越多。在冠左右两侧的宝珠步摇串，有垂一至二十颗宝珠不等，宝珠由多组小的花草组成，每组有四五颗。莫高窟五代第98窟于阗国王后曹氏供养像饰步摇，头顶凤冠，项饰珠，着窄袖翻领红袍。这位皇后的凤冠，是一凤立于莲花座上，莲座两侧饰八支钗，每侧各四支，上饰宝珠，左侧步摇串共垂 20 颗宝珠，右侧垂 19 颗宝珠，每组由四颗宝珠组成，宝珠均蓝色。皇后曹氏供养像，面部突出了特有的妆饰，粉脂非常艳丽。身着披帔，双手捧香炉，均作供养状。

第四类金银步摇。是用金银片磨成圆形或椭圆形，金银制成步摇。莫高窟五代第 61 窟一供养人是曹议金之女画像，穿大袖裙襦，披绣花幢子，戴瑟瑟珠。五代东壁于阗公主戴桃形凤冠，金步摇。第 61 窟归义军节度使曹延禄之妻，头戴冠，饰金步摇。这身女供养人冠饰，特别是金银珠片组成的草叶花步摇，是五代时期的代表作。五代、宋第 61 窟回鹘女供养人饰金步摇。榆林窟五代第 16 窟甬道曹议金夫人，头戴桃形凤冠，一只凤鸟立于莲花座上，凤头向尾部曲卷似桃形状。四周呈云朵形，前面刻有云朵，左侧呈一花卉，由草叶组成的金花饰，垂步摇，上嵌珠，后垂带，面部化妆。此外，榆林窟第 16 窟回鹘天公主供养画像的桃形凤冠，垂步摇（图 72）。榆林窟第 16 窟建于曹议金之时，后室甬道南、北壁供养人像，曹元忠夫人冠饰，均同于身后的成排女供养人冠饰。上述供养人的步摇设计巧妙，造型制作精美，

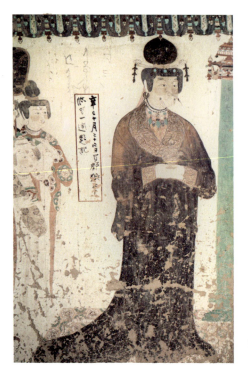

图72 │ 曹议金夫人供养像（回鹘公主服饰）
榆林窟第16窟 甬道北壁 五代

为中国传世艺术品不可多得的佳作。同时表现出贵族妇女的妆饰美，这是画像本人和画师的共同需要，也是社会的要求。

敦煌唐代妇女妆饰形式多样，首饰上，集中了古代妇女的发式美、冠式美、插梳美、钗簪美、步摇美，同时也反映了妇女妆饰的审美标准和流行时尚。化妆上，突出重要部位，注重于描、贴、涂、画、点缀等审美特点，丰富了中国女性化妆的一切手法。在妆饰中表现了真实，从而充分突出了女性俊秀之美的特点，反映出时代特色的妇女艺术形象特征。